诸葛亮

ZhuGeliang

皮波人物国际名人研究中心　编著

国际文化出版公司
·北京·

图书在版编目（CIP）数据

诸葛亮/皮波人物国际名人研究中心编著.--北京：国际文化出版公司，2013.12（2024.2重印）

（名人传记丛书）

ISBN 978-7-5125-0391-5

Ⅰ.①诸… Ⅱ.①皮… Ⅲ.①诸葛亮(181～234) — 传记 Ⅳ.①K827=362

中国版本图书馆CIP数据核字（2012）第145602号

诸葛亮

作　　者	皮波人物国际名人研究中心　编著
责任编辑	郑湫璐
统筹监制	葛宏峰　刘　毅　徐　峰
策划编辑	刘露芳
美术编辑	丁鈺煜
出版发行	国际文化出版公司
经　　销	国文润华文化传媒（北京）有限责任公司
印　　刷	北京一鑫印务有限责任公司
开　　本	700毫米×1000毫米　　16开 7.5印张　　　　　　　80千字
版　　次	2013年12月第1版 2024年2月第3次印刷
书　　号	ISBN 978-7-5125-0391-5
定　　价	29.00元

国际文化出版公司
北京市朝阳区东土城路乙9号　　邮编：100013
总编室：（010）64270995　　　传真：（010）64270995
销售热线：（010）64271187
传　真：（010）64271187-800
E-mail：icpc@95777.sina.net

高卧隆中的贤才
    命途多舛　　　　　　　　006
    求知若渴　　　　　　　　008
    抱负远大　　　　　　　　010
    腐朽的政权　　　　　　　013

走上政治舞台
    刘备的崛起　　　　　　　020
    三顾茅庐　　　　　　　　024
    无处容身　　　　　　　　030

联吴抗曹收复荆州
    联吴抗曹　　　　　　　　038
    赤壁鏖战　　　　　　　　044
    巧夺荆州　　　　　　　　046
    进师益州　　　　　　　　050

三国鼎立成帝业

汉中称王 066
痛失猛将 072
天下三分 082
一蹶不振 084

辅后主南征北伐

平定南方 094
首度北伐 098
奇谋败魏军 105
命绝五丈原 109

高卧隆中的贤才

命途多舛

诸葛亮画像

东汉灵帝光和四年(181年),东汉最后一位皇帝——献帝出生了。这一年,在琅琊郡阳都县(今山东临沂市沂南县)的一个普通官吏的家里,也降生了一个小男婴。这个孩子极其平常,没有人想到他的名字将会流芳百世,他就是诸葛亮。

诸葛亮,字孔明。他的先祖诸葛丰曾在西汉元帝时做过司隶校尉,父亲诸葛珪是东汉末年的泰山郡丞,所以他也算是名门子弟。在诸葛亮3岁的时候,母亲就病故了。

母亲死后，父亲又娶了一个妻子。没过几年，父亲也去世了。诸葛亮的哥哥诸葛瑾结束了在洛阳游学的生涯，回来侍奉继母，并和继母一起迁居到江东。年幼的诸葛亮只好和弟弟诸葛均一起，跟随由袁术任命为豫章太守的叔叔诸葛玄。后来，朝廷另派朱皓代替诸葛玄之职，无奈之下，诸葛玄只好另寻他职。诸葛玄与荆州刺史刘表是旧交，相知甚深，因此就带着诸葛亮兄弟前去投靠。他们一家就来到了襄阳，并很快和当地的名门交往上了。

当时，荆州管辖襄阳、南郡、江夏等七个郡，襄阳是荆州的省会。荆州的范围相当于现在的湖北、湖南、河南的南部和广东、广西的一部分。襄阳实际上是南方政治、经济、文化中心，而且它还是连接南北水路交通的要道。由于北方战乱，那里的士大夫纷纷到襄阳避难，因此聚集了众多人才。

建安二年（197年），诸葛玄病逝了，诸葛亮就带着弟弟买了几亩薄田，搭了一间茅庐，隐居在襄阳城西二十里的隆中。他们过着躬耕自足、粗茶淡饭的平静生活。

求知若渴

隆中位于今湖北省襄阳市西。那儿环境优美,林木苍翠。诸葛亮的茅舍西边,有一座不高的小山岗名为卧龙岗,因此诸葛亮以卧龙先生自居。除了耕种田地,他经常攀登到小山上去,吟诗奏乐以抒发胸中情怀。相传山上有一块抱膝石,是诸葛亮隐居于此时经常抱膝长吟之处。

诸葛亮不仅非常聪明,而且过目不忘。他读书十分刻苦,还善于运用良好的学习方法——温故而知新。他读书也不像别人那样只是死记硬背,而是只求畅晓文章大意,记住其中精华的部分。汉朝的文化思想是独尊儒术,罢黜百家,因此大家只读儒家经典。诸葛亮却并不这样,他如饥似渴地读遍诸子百家的著作,对天文、地理、历史、兵书也无一不精,说他上通天文下知地理一点都不为过。他在隆中耕田的时候,受到过老农的指点,掌握了许多天气常识。

诸葛亮十分喜欢研究春秋时期军事家孙武所著的《孙子兵法》,因为它言简意赅地记录了各种战术战略,蕴涵了无穷无尽的军事策略。对这本书，诸葛亮可以倒背如流，他还经常在棋盘上演示书中提到的作战方式，并推演阵法。后来，比诸葛亮年长，与他亦师亦友的名士黄承彦见他如此醉心兵法，就告诉他想要精通阵法应该去求教庞德公。

襄阳名士庞德公的儿子庞山民是诸葛亮的姐夫。庞德公很有见识，诸葛亮非常尊重他。每次去探望庞德公后，诸葛亮都获益匪浅。听了黄承彦的建议，诸葛亮连忙赶往庞德公隐居的鹿门山。见到庞德公后，他将自己写下的对《孙子兵法》的见解和绘制的阵图拿出来，请庞德公指教。庞德公看后告诉诸葛亮，兵不在多而在精。《孙子兵法》中几乎涵盖了所有的作战方式，步战、骑战、车战、舟战、夜战、昼战、威战、骄战、赏战、罚战、实战、虚战等等，能够操纵自如，都离不开一个"变"字，而其精妙之处全在"计""谋"二字。庞德公还把自己花了半生心血研究兵法的成果——八卦到八阵的推演教给了诸葛亮。经过苦心钻研，诸葛亮终于把八阵草图画出来了。

和诸葛亮交往的还有司马徽，司马徽是诸葛亮的老师，很有学识且精通八卦算术。司马徽带着诸葛亮到处游学，还到过古今兵家鏖战的战场，这使诸葛亮受益颇多。

抱负远大

襄阳是荆州地区的政治经济中心，诸葛亮结交了几个非常要好的朋友，他们都是品德高尚、有抱负且学问渊博的人。其中比较杰出的有仁义忠厚、博古通今的博陵人崔州平；直率豪爽、文武兼备的颍川人徐庶；有勇有谋、学识渊博的颍川人石广元；幽默风趣、精通诗文的汝南人孟公威。诸葛亮与他们经常在一起，或互相切磋学问，或吟诗作乐抒发胸中的大志。每当朋友们对自己的远大抱负侃侃而谈时，诸葛亮只是坐在旁边静静聆听，偶尔会发表自己的意见。他认为他们几个都很有才华，又很有抱负，假如要去当官的话，应该可以胜任刺史、郡守之职。不过，他从来没有说起过自己的抱负。

诸葛亮在心中喜欢自比为管仲和乐毅。他认为他的才干可以与辅佐齐桓公成为春秋五霸之主的管仲，及战国时指挥五国兵将攻陷齐国七十余城的燕将军乐毅相媲美。他周围的人都知道他很有才能，是个聪明睿智的隐士。真正了解诸葛亮有经国济世的才干并相信他将来一定会有大成就的，是他的好友徐庶和崔州平。

这时由于北方政局纷乱，不仅士大夫及才识之士纷纷逃往南方，还有许多百姓也迁往南方。他们大都定居于扬州（江苏）、益州（四川）或荆州（湖北）等地，希望在南方建立新朝廷、新政权。中国的政权向来都是以北方为中心，现在整个政权中心逐渐南移的趋势正在萌芽。诸葛亮以他敏锐的政治眼光已经觉察到，国家政权将会发生天翻地覆的变化。因此他劝诫因南迁而觉得难以实现抱负的好友孟建，作为一名士大夫，不应该只将视野局限在北方。要将眼光放远，在这里同样可以施展才华。

诸葛亮闲暇时喜欢攀登乐山，眺望远处故乡所在的方向或抱膝高吟故乡的民谣《梁父吟》：

> 步出齐城门，遥望荡阴里。
> 里中有三坟，累累正相似。
> 问是谁家冢，田疆古冶氏。
> 力能排南山，文能绝地纪。
> 一朝被谗言，二桃杀三士。
> 谁能为此谋，相国齐晏子。

《梁父吟》是描述春秋时齐景公的丞相晏子婴谋略的一

首民谣。

相传齐景公手下有三名勇士，分别是公孙接、古冶子和田开疆，他们三人为景公立下了许多汗马功劳，势力也一天比一天强大。丞相晏婴唯恐他们的力量强盛起来后会威胁到齐景公的王位，便想出一个计谋除掉他们。

齐景公依照晏婴的计谋，派使者送了两个桃子给三位勇士，并让他们自己断定三人中谁最勇敢，最勇敢的人便可得到这两个桃子。三人听后互相争功，相持不下。最后，公孙接与田开疆把两个桃子给了古冶子，惭愧地说道："我们两人论功皆不及你，若收了这两个桃子便是贪，若是不死就非勇。"于是两人回府后相继自刎而死。

古冶子一听到这个消息，羞惭地说："好友皆死，我独活，是不仁。不仁之人，还有何面目以见世人？"也就跟着举剑自刎。晏婴的计谋得逞了。后人因此而作的这首民谣便一直流传下来。

诸葛亮之所以喜欢独自吟唱这首《梁父吟》，一方面是因为怀念故乡的风土人情，一方面则是从中思索从政者的谋略和政治技巧。

诸葛亮已到了可以婚娶的年龄。黄承彦十分欣赏他，便有意把自己的女儿嫁给他。黄承彦的女儿长得十分丑陋，头发黄黄的，皮肤黑黑的，但是却极具才华、知识渊博、满腹经纶。黄承彦告诉诸葛亮想把女儿许配给他，诸葛亮没有表示意见。于是，黄承彦便让诸葛亮到家中去亲自见见他的女儿，还假借他人之名把女儿所作的诗、文、字、画给诸葛亮看，诸葛亮赞不绝口。黄承彦的女儿还十分精通制作机关。这天，当诸葛亮来到庭院时，只见一只大狗凶猛地扑过来，诸葛亮吓得忙往门口奔去，只见一仆人轻按了一下狗头，那只狗便转身离去了，原来这是一只带机关的木制狗。了解到黄家女儿如此多才多艺，诸葛亮欣然同意娶她，在结婚那天，还亲自前往迎娶。

据史料记载，诸葛亮是个美男子。陈寿在《三国志》中曾对诸葛亮有一段描写："亮少具逸群之才，英霸之器。身长八尺，容貌魁伟，时人异之。"英俊伟岸的诸葛亮娶了相貌丑陋的黄氏，还受到邻里们的嘲笑，当时就出了这么一句谚语："莫作孔明择妇，正得阿承丑女"。虽然黄氏是无颜夫人，但却是个才女，还很贤惠。不论是生活上还是事业上，黄氏都给了诸葛亮很大的帮助，是一位不可多得的贤内助。

腐朽的政权

东汉经过了平实温和的"明章之治"（即汉明帝、汉章帝统治时期采取的宽松治国和息兵养民的政策）后，进入了鲜有的吏治清明、经济发展和社会稳定的时期。好景不长，从章帝的儿子和帝开始，汉朝皇帝的寿命都异常短暂，大都是年幼即位。由于皇帝年幼无知，太后便理所当然肩负起掌政治国的重任，这样就会把朝廷变成太后家的私有物，导致外戚专权大封诸侯的情形。然而东汉的外戚，在才能方面无法与西汉的相比，但是他们的横暴跋扈却是有过之而无不及。

当年幼的皇帝可以独自掌管朝政之后，便无法忍受外戚的专横，于是联合宦官或地方上的力量一起消灭外戚，东汉的政局便在外戚和宦官的互相争斗中动荡不安。

汉和帝的儿子桓帝虽然是由外戚梁冀推立的，但他对梁冀的专横跋扈非常痛恨，于是就与有权势的宦官联合起来镇压梁氏一族，又借重地方上的宿儒名学来推展新政。因为东汉的知识分子非常重视名节，他们无形的精神力量成为左右政治的一股势力。虽然他们憎恨外戚当政，但是对宦官的乱政也非常不满。他们在反对外戚的同时对宦官也大加攻击。桓帝无法控制这种局面，反而听信宦官的煽动，认为士大夫们结党营私，因而先后发生了两次震惊朝野的"党锢之祸"。敢于反对宦官乱政的士大夫们被全部逮捕或杀死，宦官因而更加目中无人，把持朝政。

经过了两次的"党锢之祸"后，东汉政权元气大伤，政治动荡，地方的治安非常混乱，终于爆发了"黄巾起义"。

"黄巾起义"是东汉灵帝时期，张角领导的一次有组织、有准备的全国性农民起义。因起义军头戴黄巾为标志，所以称为"黄巾起义"。

领袖张角是冀州巨鹿（今河北平乡西南）人，自称"大贤良师"，以传道和治病为名在农民中宣扬教义，进行秘密活动。他还广泛传播"苍天已死，黄天当立。岁在甲子，天下大吉"的谶语，又在各处府署门上用白土涂写"甲子"字样，作为发动起义的信号。由于当时政治一片黑暗，民不聊生，天下农民纷纷响应加入战斗。灵帝慌忙调集各地精兵围剿黄巾军，调派外戚大将军何进负责保卫京城，并且加强地方兵权，解除党锢之禁以安民心。各地豪强地主也起兵配合官军镇压起义，其中著名的有袁绍、袁术、公孙瓒、曹操、孙坚、刘备等。与此同时，各地还出现了许多独立的农民武装。

黄巾军各自为战，缺乏战斗经验，以致东汉王朝能集中兵力各个击破。黄巾起义和在它影响下的各族人民起义，持续了二十多年。

由于起义农民本身的弱点，起义被残酷镇压，但在农民起义的打击下，腐朽的东汉王朝已名存实亡。同时由于此役借重于地方兵权，造成了地方上的长官拥兵自重，渐渐形成一股强大的势力。

不久,灵帝崩逝,少帝继位,由何太后听政。何太后的哥哥何进垄断朝政,他不顾朝臣反对,与司隶校尉袁绍合谋,私召凉州军阀董卓入京。不料,董卓的军队还没有到达京城,这件事就被泄露出去了,何进被宦官张让杀死。接着,袁绍、曹操带兵入宫,将宦官二千余人赶尽杀绝后控制朝廷。

随后董卓率军进入洛阳,把何进的军队收归己部,吞并朝中其他兵力,势力大增。董卓依靠自己的兵力把持朝政,并废黜少帝,杀何太后,立陈留王刘协为汉献帝。汉献帝升他为太尉领前将军事,封为郿侯,进位相国。但是袁绍反对废帝,便号召地方群雄起而声讨董卓。当时宣言讨伐董卓的,有后将军袁术、冀州牧韩馥、豫州刺史孔伷、长沙太守孙坚及兖州刺史刘岱。董卓逼走袁绍等人,独揽军政大权。这时辽东的公孙度和荆州的刘表、益州的刘焉,都在招兵买马,扩充自己的实力。

不久,董卓因为过分残暴,被部下吕布杀死。董卓死后,他的部将们互相攻击,献帝乘机逃回洛阳。

兖州牧曹操把汉献帝迎接到许(河南许昌西南),运用了"挟天子以令诸侯"的手段。从此,朝廷实际大权都落入曹操的手中。

建安二年(197年),曹操在官渡大战中大破袁绍军。建安三年(198年),曹操打败吕布的军队。建安五年(200年),

他又彻底打败袁绍的军队，统一了整个北方。这时，所剩下的割据范围仅有益州（四川）、江东（扬子江下游），以及汉中和荆州。

建安十二年（207年），曹操在军中扩充兵源、加紧训练，为消灭南方割据势力做准备，企图一举南侵，统一全国。

走上政治舞台

刘备的崛起

刘备画像

刘备,字玄德,涿郡涿县(河北涿州)人,是汉景帝中山靖王刘胜的后代。由于世远亲疏,到刘备这一代时,家境已经十分贫寒。刘备的父亲早逝,他和母亲靠着织席和贩卖草鞋维持生活。

刘备家的东南面有一棵高十六七米的大桑树,这棵桑树枝繁叶茂,从远处望去好像一顶大车篷。当时有善于观气数的人,见到这种情形,便认定这家定会出贵人。

年幼的刘备和邻里的孩子在树下玩乐的时候,大发豪语说:"他日我若当天子,将以此为车盖。"这句话被他的叔叔听到了，心中非常震惊，叔叔告诫他说："你不要再乱说了，会给我们全家带来灭门之祸的。"

刘备奉母命出外游学，曾拜郑玄、卢植为师。《三国志》中有一段描述他性格外貌的话——"先主不甚乐读书，喜狗马音乐，美衣服，身长七尺五寸，垂手下膝，顾自见其耳，少语言，善下人，喜怒不形于色，好结交豪侠，少年争附之。"刘备虽然不喜欢读书，却善于结交朋友，因此不少人都愿意为他办事。他寡言少语，喜怒不形于色，能谦恭待人，城府极深，这些性格特点对成就大事极为有利。

黄巾起义爆发后，他应征参军讨伐起义军。由于在讨伐黄巾军中数立战功，被升为县尉，后升任下密丞、高唐尉、平原令、平原相。

刘备之所以能在讨伐中立功，与关羽、张飞的拼死相辅佐有莫大关系。

关羽，字云长，河东解地人。张飞，字益德（也写作翼德），涿郡人。当时刘备为了要讨伐黄巾起义军，在乡里大招兵马，他们两人便同时来投效他。由于志趣相投，三人很快地便成为知己。

后来，刘备为平原相时，提升关羽为司马。建安五年（200年），曹操东征刘备，刘备兵败，投奔袁绍，关羽却被曹操捉走。曹操素闻关羽雄壮威猛，对他十分礼遇，希望能将他招揽到自己的旗下，但关羽坚决不愿舍弃刘备。不久，关羽便逮着机会，留下书信，逃出了曹操的军营。后人都称赞关羽临危不忘旧主，称赞他义薄云天。

张飞平日威猛爽直，许多人皆称他和关羽为"万人敌"。张飞平时很敬重士大夫，但却不体恤部属，动辄拳足交加。刘备曾告诫他要善待属下，因为这些人经常侍奉在左右，若是他们怀恨在心，定会做出不利于主的事。张飞并没有把刘备的话放在心上，后来，果然被部将所害。

关羽和张飞两人有如刘备的左膀右臂。在刘备建立帝业的过程中，他们两人全力以赴，甚至牺牲了生命。

后来，曹操攻打陶谦（汉末群雄之一），想要夺取陶谦

曹操与刘备"煮酒论英雄"

的势力范围徐州，陶谦抵挡不住曹操的大军，就向刘备求救。仁义的刘备连忙前往救援，打退曹操的军队。陶谦病故前，曾对部下说：只有刘备能安此州。陶谦殁后，其部下请刘备统领徐州，刘备不肯，后经多次劝说后，方领徐州。徐州被吕布夺去后，刘备无法只得依附曹操。曹操表奏汉献帝，封刘备为左将军、豫州牧，汉献帝还排了辈分，称刘备为皇叔。当时，曹操曾以"煮酒论英雄"来试探刘备，刘备假装害怕来降低曹操对他的防备。不久后，志向很远大的刘备，乘机逃脱曹操的控制，重新占领徐州。之后，被曹操亲自率领的大军打败，刘备只好投靠袁绍。

曹操在官渡之役大破袁绍的军队后，便将箭头转向刘备，企图将他的军队赶尽杀绝。刘备迫不得已，便于建安六年（201年），前往荆州投靠同宗刘表。刘表对刘备的投靠心有怀疑，就让他屯兵新野对抗曹操。

此时，经历多次战役半生戎马的刘备，仍然过着寄人篱下的生活。他为此经常伤心落泪，有一次他泪痕未干时被刘表看见了。刘表非常惊讶，忙问他流泪的原因，刘备慨然而叹说："我往常身不离坐鞍，所以股间的肉都没有了。现在已经很久没有骑马奔驰，股间的肉又都长出来了。时间过得真快，一转眼我已开始老迈，但却还没建立功业，怎不叫人感叹呢？"

三顾茅庐

刘备早就听说荆州出贤才,来到荆州后就立即前往拜访阳翟的"水镜先生"司马徽,诚恳地向他讨教国事。司马徽只是谦逊地表明,自己是一个没什么大见识的乡野村夫,不懂得国家大局。他建议刘备去拜访那些俊杰英豪,这些人中最为有才能的当属卧龙凤雏。

刘备听后大喜,忙问是谁?司马徽只是徐徐说道:"诸葛孔明、庞士元也。"司马徽说完之后,就笑着转身离开了。

在刘备刚驻军新野时,诸葛亮的好友徐庶就经常观察他的行为处事,发现刘备胸怀大志、才略过人,并能够善待部属,素有人望。于是,徐庶就前往新野拜见刘备,并投入刘备军中。徐庶为人足智多谋,品德高尚。刘备对他的到来喜不自胜,非常器重他的才干和人品,当即把他留在营中并委以重任,让他参与整顿军事,训练士卒。

建安九年(204年),刘备乘曹操去攻打河北邺城的时候,出兵攻打叶县附近留守的曹操军队。但是因为刘表拒绝出兵援助，刘备的军力远不敌曹军。在这危急关头，徐庶建议放火烧寨，佯装退兵，然后派关羽、张飞、赵云等领兵埋伏曹军的追兵，分散曹军的兵力。曹军果然伤亡惨重，刘备反败为胜。见识过徐庶卓越的军事才能，刘备高兴地盛赞他有王佐之才。徐庶极力谦让，称自己的才学远远不足，比自己高明的人比比皆是。

徐庶忽然想起隐居在隆中的好友诸葛亮，于是他向刘备说："诸葛孔明乃是卧龙，将军愿意见他吗？"

刘备请徐庶带他来，徐庶却说，对于有经天纬地之才、治国安邦之能的人，必须刘备亲自去请，才显得有诚意。

刘备带着关羽、张飞，骑着马去往襄阳西郊的隆中拜访诸葛亮。隆中景色秀丽，风清气爽。山虽然不高大却秀致典雅，河流虽浅却澄清见底。道路平坦，树林茂盛。鸟叫虫鸣，松篁交翠。抬眼望去，前面一座小山的山坡下有几个人正在田间耕种，忽听到有人唱道：

> 苍天如圆盖，陆地如棋局，
> 世人黑白分，往来争荣辱。
> 荣者自安安，辱者定碌碌，
> 南阳有隐者，高眠卧不起。

于是刘备从马上下来，喊住那个唱歌的农民问道，刚才所唱的歌是何人所作？那人回答他，歌乃卧龙先生所作。刘备又向他询问了卧龙先生的住处在什么地方。原来，前面这一座小山的南面有一片高地，便是卧龙岗。卧龙岗间有一片小树林，小树林中的茅屋便是他的住处。

刘备道谢之后又上马前行。没多长时间，就看到了卧龙岗，果然清景异常。来到诸葛亮的茅屋前，刘备亲自下马叩门。这时出来一名童子，他告诉童子，自己叫刘备，是来拜见诸葛先生的。哪知诸葛亮出去游玩了，而且归期不定。刘备只好失望地离开。

过了一段时日，刘备派去探听诸葛亮消息的人回来告诉他，诸葛亮已经回来了。刘备忙命人准备马匹，前往拜访。这时，已是隆冬时节，天气严寒，朔风凛凛。走了不一会儿，忽然飘起了大雪，张飞劝他说："天寒地冻的，也不会现在就开战，何必跑这么远来见暂时也用不到的人，还是先回新野，等雪停了再来也不迟。"

刘备回答他："不避天寒前往拜访，正可以证明我对诸葛先生的诚心，你若是怕冷，可先回去，不要为我担心。"张飞很不服气地跟着刘备继续前去。平坦的路被积雪覆盖难以行走，用了很长时间，他们终于到了。刘备进入房中，见到了诸葛亮的弟弟诸葛均。

只见那位少年急忙回礼说："您就是前次来看望我哥哥的刘备将军吗？"

诸葛亮

刘备忙问:"诸葛先生在家吗?"

诸葛均告诉他,昨天诸葛亮和好友崔州平相约,一起闲游去了。刘备又问诸葛亮会去什么地方,能否找到他?诸葛均说,诸葛亮有时喜欢和好友一起驾着小船,泛游湖上;有时喜欢一起去拜访高僧;有时还会留在朋友那儿对酌下棋,并没有固定的行踪,很难找得到。

刘备长长地叹了一口气,说道:"莫非我与他无缘,两次拜访都见不到他。"无奈之下,只好借来纸笔,给诸葛亮写了一封简短的信。刘备再次失望地回到新野。

刘备回到新野,由于事务繁多,不知不觉寒冬已经过去了。刘备特意选择了吉时,再度到卧龙岗去拜见诸葛亮。

刘备这时终于见到了诸葛亮,他忙上前施一大礼,自我介绍一番后才说:"我前两次来拜访先生都未得以相见。上次留下一书,先生看过吗?"

诸葛亮还礼,说:"昨日才见到,知道将军一心一意为国为民。可惜我年幼学浅,没多少见识,只怕帮不了将军成就大事。"

刘备急忙说:"司马徽和徐庶都是有名望的人,他们皆对先生赞叹不已又极力举荐,岂是虚言,还望先生不吝赐教。"

诸葛亮不疾不徐回答:"我只是个农夫而已,他们二人过奖了。"

刘备恳切地说:"大丈夫学以致用,还望先生以天下苍生为念,开教引导我这愚鲁之人。如今奸臣当道,我不自量力,想要为天下伸张大义,然而却智术短浅,始终没有成就。只有先生这样有才之士能帮助我做出一番成就,希望先生不要再推辞了。"

诸葛亮挺直上身严肃说道:"从董卓作乱到现在,各地的豪雄英杰纷纷拥兵自立。曹操虽然战胜了袁绍,其实他的声势比袁绍差得远。他之所以能打败袁绍,就是以弱为强,并且又得益于天时与人和。如今曹操已拥有百万之兵,挟天子以令诸侯,实在难和他对抗。孙权占据江东已经历了三代,根基牢固,而且所据之处地势险要,又得到民心归顺,只能与他们结盟,却很难攻占。唯有荆州这块地方四通八达,不缺乏粮食人口,而现在拥有它的人又是无能之人。这或许就是上天赐给将军的一个大好机会。再说到益州(四川西部),此处地势险峻,土壤肥沃,号称天府之国,高祖以此为根据地,因而成就了伟大的帝业。今日益州由刘璋和张鲁共管其事,虽然民生富足,但为政者却不知体恤民情,百姓都渴望能出现爱民之主。将军是汉室的宗亲,贤名传遍四海,不如招揽英雄,辅佐将军力挽汉室的倾颓于狂澜之中。并且设法拥有荆州和益州,加强巩固其地形,以此为基业。同时,与西边和南边的少数民族交好,东面联合孙权,对内积极整治政事,等到天下形势有变,就派一员

诸葛亮

大将出荆州向宛城（河南南阳）和洛阳进攻，将军自领兵北出秦川，直取中原，那时百姓不会不支持将军的。则霸业可成，汉室可兴矣。"

诸葛亮一口气将天下纷乱的情势条分缕析，详细说给刘备。他认为曹操足智多谋，虽然挟天子以令诸侯，但他的势力已经日渐强大，不宜从正面与他冲突。而孙权世居江东，基业巩固，只能与他通好，不能动摇他的基业。刘表虽然据有荆州，但已年老不能守成，刘备可取而代替他的领导地位。益州的刘璋和刘备是同宗，刘备可招抚他们归于自己的麾下。如此，据有荆州、益州，就能与曹操、孙权三分天下。这就是有名的"隆中对"。

刘备在茅舍住了一宿。第二天，诸葛亮嘱咐诸葛均说："我承蒙刘皇叔三顾之恩，不能不出山了。你留在这儿躬耕，不要让田荒芜了，等我功退归隐回来。"于是刘备与诸葛亮一道回了新野。刘备回到新野后，非常礼遇诸葛亮，并待之以师礼，经常和他同桌吃饭，同床共眠，共商国家大事。这一年，刘备的甘夫人为他生下了长子——阿斗。

刘备三顾茅庐，终于得到一位流芳千古的良相。诸葛亮辅佐刘备成就了帝业，也为他在群雄并争的年代中取得了一席之位。而诸葛亮之遇刘备，有如千里马之识于伯乐。

从此，诸葛亮便正式登上政治斗争的舞台，为实现自己的抱负而脚踏实地地努力奋斗了。

无处容身

曹操基本上统一北方后，紧接着就在冀州造玄武池，用来训练水军，积极做着南下的准备。诸葛亮把这个消息告诉了刘备，并要求秘密派人过江去探听虚实。刘备立即派了人去。

运筹帷幄的诸葛亮

诸葛亮

　　诸葛亮接着要筹划如何增强刘备的兵力。因为当时刘备只有数千名士兵，根本连荆州都无法守住，更不要说与曹操争霸天下了。他想到现在荆州的百姓人数并不少，但多是逃难至此，真正有户籍的人却不多，每逢遣兵发调都是当地有户籍的人，使得百姓们深感不公，抱怨不已。于是他就向刘备建议颁布命令，使那些没有户籍的流动人口自动申报寄居，再重新统计出精确的人数，以便于按照要求征收兵员。刘备立刻听从诸葛亮的建议下令，又招了几千人。诸葛亮每天早晚教他们练习阵法。在这段时间内，便把军队由数千人扩大为数万人。

　　诸葛亮的政治才能使他更加受到刘备的尊重和信任，刘备曾感慨地对自己的部下说："我得到孔明，就像是鱼得到水一样。"

　　这时的荆州内部，长久以来存在的争位矛盾激化了。荆州牧刘表有两个儿子，长子名琦，幼子名琮。刘表有一个非常受宠的继室蔡氏，蔡氏的哥哥蔡瑁是刘表的得力之臣，刘表事事都要仰仗蔡瑁。因此蔡家的势力很大。蔡氏经常在刘表面前称赞自己的亲生儿子刘琮而贬低刘琦，加上刘表本人又比较疼爱幼子，还亲自作主将蔡瑁的女儿许配给刘琮，因此刘琮在荆州的地位比刘琦还要高。为了让刘琮能名正言顺地继承刘表的位子，蔡氏一边在刘表面前说刘琦的坏话，一边暗中加紧残害他。为此，刘琦深感不安，他几次向诸葛亮请教自处之道，但是诸葛亮总是笑而不答。

一天，刘琦想了一个计策，把自己和诸葛亮单独关在一间阁楼上，然后命令手下将楼梯撤走。他诚恳地对诸葛亮说："今日我们在此相聚，上不着天，下不着地，除了你我之外不可能有人听到我们的谈话。我恳求你，为我指点迷津。我很惶恐，不知所措。"

诸葛亮反问他："难道您不曾听说晋公子重耳的故事吗？春秋时代的晋献公，他的大儿子申生非常孝顺，于是就把申生立为太子。晋献公还有两个儿子夷吾和重耳。后来晋献公举兵讨伐骊戎，骊戎的首领把自己两个美貌的女儿献给了晋献公，晋献公就退兵回国了。晋献公最为宠爱其中的姐姐骊姬，不久，骊姬也为献公生了一个儿子奚其。骊姬很想晋献公立奚其为太子，便想出一个诡计。她借口申生死去的母亲托梦，让申生去祭祀他的母亲，等祭祀完毕后，又让申生拿着祭肉去孝敬晋献公。忠厚的申生并不知道肉中已被骊姬暗下毒药，便顺从地将肉拿给晋献公。晋献公听信了骊姬的谗言，认为申生故意置毒于肉中，要来谋害他。一怒之下，便将申生赐死，申生含冤莫辩，自杀身亡。

"这时夷吾、重耳担心骊姬将会残害他们，便连夜逃出城外，终于保全了生命。这就是所谓'申生在内而危，重耳居外而安'。"

刘琦听了诸葛亮的指点后感激不已。他立刻找到父亲请求他把自己外派，接任江夏的太守，前往担任地方官吏，以求明哲保身。

后来，刘表病入膏肓时派人将刘备从新野请到荆州，托孤给他，并试探刘备说，他认为自己的儿子没什么能力，想把荆州送给刘备。刘备一听大哭起来，立誓会竭尽全力辅佐新主的。在江夏当太守的刘琦知道父亲病危的消息，连夜赶回探望父亲的病情，但是蔡瑁等人唯恐他们相见之后，刘表会将国家重任托付给刘琦，便断然地拒绝了刘琦与父亲相见。之后，刘琮和蔡氏执掌了荆州的大权。

建安十三年（208年）七月，曹操率领几十万大军以雷霆万钧之势大举南侵，攻打襄阳。刘琮面对强大的敌军根本不知如何应对，他的亲信党羽都是一些软弱无能、贪生怕死之辈，早已吓得魂飞魄散，忙劝刘琮投降。

部下傅巽对刘琮说："如果刘备无法与曹操的大军相抗，那么荆州肯定是保不住的。如果刘备能胜过曹操，那么他一定不会屈就他人之下。纵观当今之势，根本无法以荆州弹丸之地对抗曹军。如果现在主动投降曹操，一定不会被亏待。"就这样，刘琮轻而易举地把荆州拱手让给曹操了。

诸葛亮早就料到曹操一定会派攻打襄阳，他建议刘备从新野迁往樊城，又令人在四个城门张贴告示，告诉居民随军一同去樊城，还调拨船只帮助百姓渡江。

刘琮投降后，并没有派人把这个消息告诉当时已经移驻到樊城（湖北襄阳东）的刘备。当刘备听到刘琮投降的消息之后，知道凭借自己的力量是抵挡不了声势浩大的曹军的，于是便与诸葛亮商量率军撤离樊城，暂时避开曹军的锋芒，退守到江陵一带去。

诸葛亮则力劝刘备攻打刘琮，把荆州夺过来作为自己的根据地，但是刘备坚决不同意。因为当初刘表病危时将儿子托给刘备，要他尽心尽力地辅佐新主。

曹操听说刘备想要向江陵撤退，唯恐他先一步占据这个战略要地，军资充沛后更难对付。因为江陵储存着荆州所有的兵器粮食，以战略地位重要的江陵作为基地十分有利。曹操立即亲自率领五千骑兵，日夜兼程追击刘备。当刘备的军队撤退到当阳长坂（湖北当阳市东北）时，曹军追赶了上来。刘备丢下妻儿，与诸葛亮、张飞等数十人乘马前奔，曹操夺取了他的大批人马辎重。

乱军之中，刘备手下大将赵云一面抱着幼主刘禅，一面保护刘备之妻甘夫人，母子二人因此幸免于难。赵云本来是公孙瓒的手下，当年公孙瓒派遣刘备抵抗袁绍的时候，赵云就跟随刘备，成为他手下的一员大将。

刘备等人抄近路奔赴汉津，恰好与关羽的船队相逢，故得以渡过沔水，半道又遇到刘表长子江夏太守刘琦所率的万余人马。

在动乱中，徐庶的母亲被曹操所擒。曹操想借机将徐庶招揽至自己门下。为了孝义，徐庶只得辞别刘备，投靠曹操。临行前，他对刘备说："我是一个才疏学浅的人，投效到你的府中。承蒙你不嫌弃，对我多加照顾。我本当鞠躬尽瘁，以报答你的知遇之恩。不料我母亲身陷曹营，我如今方寸大乱，对当前的形势也没什么帮助了，我就此别过。"徐庶哽咽再三，辞别刘备，投奔了曹操。

此时刘备等人又连忙赶往夏口，江陵被曹操占领了。

曹操本来就实力雄厚，现在又收编了刘琮的荆州军队，占据了江陵，控制长江中下游的优势很明显，气焰更加旺盛。于是，他一边集中水陆两军沿江东下，准备先打败刘备的军队，一边派人前往江东向孙权下战书。

联吴抗曹收复荆州

联吴抗曹

孙权,字仲谋,孙坚的次子。从小便聪明机智,骁勇善战。孙坚死后,他的长子孙策继位,孙权经常跟随在孙策的身旁领兵作战。孙策因病去世后,孙权便继承家业,守护江东。

孙权善于用人,招贤纳士。在孙坚去世后,他以张昭为师傅;以周瑜、程普、吕范等为谋将;以鲁肃、诸葛瑾等为军师。部将都感激他的知遇之恩,乐于为他效命。

孙权得到曹操的大军已经打到了襄阳,又要攻打江陵的消息后,便已经预感到曹操对自己是巨大的威胁,他立即召集部下商议防守御敌之策。因为荆州之地与江东接壤,如果曹操占领了荆江,下面要对付的就是东吴。孙权派军师鲁肃前去拜见刘备,表露联合之意。曹操占领江陵后,战局发生了重大变化。孙权已经无法再"隔岸观火"了,局势已经发展到火烧眉毛的紧要关头了,他坐立不安、忧心不已。

诸葛亮冷静地分析了形势后,他决定亲自前往东吴向孙权请求结盟。这时孙权内部,围绕如何应对曹操进攻的问题,正进行着激烈的辩论。以张昭、秦松为代表的儒生，极力反对与曹军相抗，主张投降。张昭危言耸听地向孙权说："曹操的大军像豺狼猛虎一样，之前依靠长江天险还能勉强与之相抗，现在他们已经有了水军，况且双方力量悬殊，只有投降才是上策。"而以周瑜、鲁肃为代表的主战派则极力反对投降。

在《三国演义》中有一段诸葛亮舌战群儒的描写十分精彩，虽然这个故事在正史中并未有记载，但也能较生动地表现出诸葛亮的智慧：

来到帐中，诸葛亮见到东吴谋臣张昭、顾雍等人峨冠博带，整齐地坐着。诸葛亮一一见礼，之后在客位上落座。张昭等人看到丰神飘洒、器宇轩昂的诸葛亮，料定他一定是来游说的。

张昭率先开口试探诸葛亮说："我早就听说先生高卧隆中时自比管仲、乐毅，有这样的事吗？"

诸葛亮答道："这只不过是我以前说过的小小比喻。"

张昭道："最近听说刘豫州三顾先生的草庐，才得到先生出山相助，不是应该'如鱼得水'一举占领了荆州、襄阳吗？怎么如今却被曹操取得，不知这是为何啊？"

诸葛亮暗想，这张昭乃是孙权手下的第一谋士，若不先驳倒他，如何说服得了孙权？于是答道："在我看来，我家主公主取下荆州易如反掌。只是他谦卑仁义，不忍去夺同宗兄弟的基业，因此将荆州推让掉了。刘琮不过是个不经吓唬的小孩子，听任佞言，私自投降，这才丧失了基业。如今我们暂时屯兵在江夏，是早有良策，这可不是无谋之人能够想到的。"

张昭又说："如果是这样，先生的话可就自相矛盾了。先生自比管仲、乐毅，管仲辅佐桓公称霸诸侯，一统天下；乐毅扶持微弱的燕国，拿下齐国七十多个城池。这两个人，可都是济世之才啊！而先生只会在草庐之中抱膝吟诗。如今既然为人谋臣，就该为百姓的利益，除害灭贼。然而刘备在未得先生之时，还可以纵横天下，割据城地；如今得了先生，人人都说是如虎添翼，不久可诛灭叛贼，复兴汉室了。全国上下无不拭目以待，对先生抱着极大希望。可为何曹军刚到，你们就丢盔弃甲，望风逃窜，弃新野，走樊城，败当阳，奔夏口，无容身之地。不仅辜负了刘表遗愿，令天下百姓大失所望，反倒连当初都不如了。管仲、乐毅难道就是这样的吗？我的话愚鲁直率，请先生不要见怪！"

诸葛亮听罢，微微一笑，说道："燕雀安知鸿鹄之志？这就好像一个人有多年的痼疾，吃了良药后，只能先以稀淡的素食调和，等到状况稳定了才能用肉食补养，这样病根才能除尽。如果不等病人气脉缓和，就给他吃烈药和味道厚重的食物，想要求得平安，实在就难了。我家主公以前在汝南兵败后，投靠在刘表门下，兵不到一千人，将只有关羽、张飞、赵云,像是到了病重危急的时刻。新野这种小地地僻人稀粮少,他不过是暂时借以安身,怎可能长久坐守在那里呢?但就是在这样的处境条件下,却能够火烧博望,水淹曹军,令夏侯惇等心惊胆寒。依我看来,就是管仲、乐毅用兵,也不过如此吧。至于刘琮投降曹操,他当时根本不知,心存仁厚不肯夺同室基业。当阳之败,是因为不忍心丢下数十万百姓,这才是真正的大仁大义啊!寡不敌众乃是兵家常事。昔日汉高祖刘邦多次败给项羽,然而垓下一战却取得了决定性胜利,难道不是因为韩信为他出了良谋吗?可韩信跟随刘邦那么久,也没有几次胜利啊。至关重要的胜利要靠谋划,那些夸夸其谈、善于巧辩之徒尽管能够坐着高谈阔论,可是到了关键时刻应付各种形势变化,却什么都不行了。这才真正是叫天下耻笑呀!"诸葛亮一番话,说得张昭哑口无言。

这时虞翻忽然高声问道:"如今曹军屯兵百万,列将千名,虎视眈眈要踏平江夏,先生认为该怎么办呢?"

诸葛亮道:"曹军都是乌合之众,即使百万之多,也没什么可怕。"

虞翻一听冷笑着说:"你们刚刚兵败当阳,现在来求救于我们,说出这话可真是大言不惭啊!"

诸葛亮又说道:"难道靠几千仁义之师,就能抵抗百万残暴之众吗?退守夏口是为了等待更好的时机。而如今,你们江东兵精粮足,且凭借有长江之天险,有的人却还想要投降曹贼，这才应该受天下人耻笑吧？"虞翻也无言以对。

步骘紧接着发问说："诸葛先生难道想效法张仪和苏秦来游说我们东吴吗？"

诸葛亮回敬道："步先生以为张仪、苏秦是辩士，却大概还不知道他二人也是豪杰吧。苏秦佩挂六国相印，张仪两次为秦国丞相，都是匡扶国家的谋士，可不是那些畏强欺弱、怕刀怕枪的人所能比的。"步骘说不出话了。

薛综又问道："先生认为曹操是个什么人呢？"

诸葛亮不屑地答道："曹操是汉贼，这还用问吗？"

薛综回道："先生说得不对。如今曹操拥有三分之二天下，人都归心与他。刘备不识天时，违抗天意与之相抗，这好比以卵击石，怎能不败呢？"

诸葛亮这时厉声说道："薛敬文怎么能出此没有君臣父子、没有道德伦理之言呢？人生在天地之间，应以忠孝作为立身之本。薛公既然是汉臣，却有不臣之心，这难道是为臣的正道吗？曹操的祖宗食汉禄，却不思报效汉室，反怀有篡权叛逆之心，让天下人憎忿，薛公却说天数归之曹操，真是无父无君、没有纲常的人呀！我没有必要同你讲话，请不必多言了！"薛综满面羞惭，无话对答。

座上又有一人应声问道："曹操虽然挟天子以令诸侯，可毕竟也是相国曹参的后代。刘备虽自说是所谓中山靖王的苗裔，却没有考证，人们亲眼所见的，他只不过是一个编草席卖草鞋的俗夫罢了，有什么资格来和曹操抗衡呢！"诸葛亮看去，原来是陆绩。

诸葛亮笑起来，说："曹操既然是曹相国的后代，就更证明他世代都为汉臣，而如今他却手握王权，肆意横行，欺君罔上，不仅是目无君主，而且是蔑视祖宗，不仅是汉室之乱臣，而且是曹氏之贼子。刘备是堂堂正正的汉室之胄，当今皇帝依据世宗祖谱赐予他官爵，你依据什么说'无可查考'呢？况且高祖就是从小小的亭长开始建业起身的，织席卖鞋又有什么可以为耻辱的呢？我看你真是小儿之见！"陆绩不禁闭口塞舌。

严畯、程德枢等人又一一质问诸葛亮，诸葛亮皆对答如流，这时帐中之人全都已惊慌失色。

诸葛亮拜见孙权后，就故意试探说："如今天下大乱，将军起兵江东，刘备屯兵荆州，和曹操争夺天下。现在曹操攻破荆州，威震四海，刘备已经兵败逃到夏口。将军也应该早做打算。将军若有能力与曹抗衡，不如趁早消灭他；若没有能力对抗，不如听从部下的建议，投降曹操算了。如今，将军嘴上说要降曹，心里又不想降曹，形势危急，却总是拿不定主意，大祸可就要临头了！"

孙权反唇相讥道："既然这样，刘备为什么还不赶快投降呢？"诸葛亮慷慨激昂地回答："刘备乃是王室之后，英才盖世，宁死也不会投到曹贼脚下。"孙权一听，立刻激动地表示愿意与刘备共同抗击曹军。

孙权虽然下了抗曹的决心，但是对是否有能力抵抗曹军还是深感担心。诸葛亮进一步向他分析说："曹兵虽多，但都是北方人，生活在平原地带善于陆战。现在远道来江南，不仅征战疲惫，且不善水战，连船都驾驭不好。况且荆州之兵依附于曹操，是迫于当时的形势，而并不是出于本心所愿。将军如果现在能诚心诚意地和我们结盟，不能打败曹军。曹军败了，自然退回北方，那么荆州和东吴的势力也就加强了，三足鼎立的局面也得以成形。成败的关键即在眼下，就看将军怎样决断了。"孙权听后大喜，当即决定与之结盟。

赤壁鏖战

建安十三年（208年）孙权命大将周瑜、程普为左、右都督，统帅精兵三万溯江西上，在樊口与刘备会合。在赤壁与曹军相遇，曹军打了一个小败仗后，撤向江北的乌林，两军隔江对峙。赤壁大战的序幕拉开了。

曹操的军队多是北方人，到南方后水土不服，驻兵后不久就疫病流行，而新编水军及新附荆州水军难以磨合，士气低落。

曹操因北方士兵不习惯坐船，采纳了连接战船的方法，于是用长长的铁索将船首尾连接起来，减少船身的摇晃。这个方法果然有效，人和马在船上如履平地，曹操也暗自欣喜。他万万没有想到，这将给他带来巨大的灾难。

周瑜的部将黄盖一下子就发现了曹军的这个弱点，他向周瑜建议用火攻的方法，周瑜深表赞同。黄盖准备好十艘大船，船上满载薪草膏油，外面用布掩盖起来，还在船上插满旗帜作伪装。接着又在每艘大船后面拴上灵活、轻便的小船。一切准备就绪后，黄盖按计划派人向曹军假称要带兵投降。当时东南风正刮得猛烈，黄盖指挥着船队快速向江北进发。曹军以为黄盖真是来投降的，纷纷跑出来看热闹。当船队离曹军驻扎处不远的时候，黄盖一声令下，十艘大船上的柴草被点燃，同时向曹操连接起来的船发火，火烈风猛，曹军顿时淹没在一片火海之中。

这时，在对岸的孙、刘联军横渡长江从四面掩杀过来，曹军大败，死伤不计其数。曹操侥幸脱险，忙带着残兵退回了江陵。随后，曹操只留下大将曹仁镇守江陵，自己带军队离开了。赤壁之战的胜利，是在孙、刘联军共同作战下取得的，他们以己之长，抓住对方的弱点，变不利为有利，取得了大捷。

巧夺荆州

赤壁大战后，曹操退回北方，一时之间无力南下。刘备占据荆州，并向益州发展。孙权占据江东，并向岭南地区进军。三国鼎立的局面，基本形成了。赤壁之战后的十一年间是刘备势力迅速发展的时期。

建安十四年，诸葛亮协助刘备乘胜占领了荆州所属的四郡——武陵、长沙、桂阳、零陵。诸葛亮为军师中郎将，督统长沙、桂阳、零陵三郡。

此时，孙权据有荆州的北部，以江陆为其政治重心。刘备则据有荆州的南部，并定都于公安。刘备据有荆州后，部下一致拥戴他为荆州牧。他却辞而不受，推举刘琦担任此职。刘备以仁德治理政事，周围的百姓都纷纷前来归附，本身的实力也有了很大的发展。

刘备和孙权之前各驻一方，并没有什么瓜葛。自从占据荆州后，孙权占有江西，刘备据有湖南，也还算相安无事。但是在湖北，两个人的势力范围却错综复杂。孙权眼见刘备的势力一天比一天强大起来,心里有所忌惮,他既怕刘备的力量超过自己,又希望刘备的存在能成为自己的后援。这时,周瑜给孙权献了一计,让他将自己的妹妹嫁给刘备,借以控制刘备。

刘琦病故,刘备答应担任荆州牧,定都公安。刘备上任后,诸葛亮被任命为军师中郎将,除了负责军事上的策略,还负责地方的治理和税收。由于人口增加,刘备觉得荆州四郡狭小的土地,已不足以供应部属的军需,便决定亲自去拜访孙权,希望孙权能同意割予江汉之间的土地。诸葛亮千方百计劝刘备不可前往。他认为刘备亲自前去,无疑是羊入虎口,必遭不测。然而,刘备却坚持自己的看法,千里迢迢前往京口(江苏镇江)会见孙权。

周瑜听到了这个消息后,立即进京上疏孙权说:"刘备是一个智勇双全的人,又拥有关羽、张飞两名大将,好比是如虎添翼。看他的才情,一定不可能长久屈就在他人之下,不如趁着这次机会,将刘备扣留在京中,并为他兴筑宫室,多选一些美女以投其所好,使他动弹不得。另外,再以怀柔的策略让关羽、张飞各驻一方,然后我再趁机前往歼灭二人,去除后顾之忧。如果不如此做,反将土地割让给他们,那么刘备必如蛟龙得云雨。纵虎归山,后果不可收拾!"

但是,鲁肃却另外上言说,刘备是汉室的同族,又曾在荆州住了七年,在荆地颇有作为,深受百姓的爱戴。为了

深谋远虑的周瑜

对付曹操,应该极力拉拢刘备,借着他的力量,安抚荆州民心,进而共同合力抗曹。

孙权也深感自己此时的力量,尚不足以和曹、刘两人为敌,为了不破坏自己进取中原的大计,他便依从鲁肃的建议,放刘备回到公安,刘备回去后,心有余悸地向左右说:"孙权为人太狡诈了,我不愿意再和他见面。"

庞统曾是南郡太守周瑜的功曹,但是不被重用。后来诸葛亮把他推荐给刘备,刘备见他外貌丑陋也没用重用他,只是把他派到耒阳当县令。庞统到任后,并没有认真治理政事,整日醉卧不起,闲宕散漫,于是被罢了官职。当时,在吴地的鲁肃听到这个消息后,立刻派人送了一封信给刘备,力荐庞统说:"庞统才高过人,不适合担任一名小官,如果能善用他来运筹帷幄,一定能大展其才华。"

诸葛亮也不断在刘备面前大力推举庞统,于是,知人善用的刘备便召他进宫来长谈,刘备问他说:"你担任周公瑾的功曹时,我到东吴去,听说他和孙仲谋密议要将我扣留,有没有此事？你直言无妨。"

庞统回答说："是有这么回事。"

刘备感叹地说："那时我的处境危急，所以不得不冒险前往一求，差一点就回不来了。当初，诸葛亮曾极力劝阻我不可前往，就是考虑到会有这种后果。这正足以证明天下智谋之士所见略同。我本来认为孙仲谋防守在荆州北部，可能需要我的支持，所以才毅然前往。唉！我真是糊涂一时啊！"

刘备与庞统长谈后，对他大加赏识，即任他为治中从事。不久，又升他为军师中郎将，与诸葛亮的地位相同。从此，两人齐心协力为刘备谋策辅国。

得知刘备顺利回到荆州后，周瑜非常懊恼，于是他便力劝孙权西取益州，进攻北方，收复中原。他建议首先消灭盘踞在成都的刘璋和在汉中的张鲁，并由孙权的堂弟驻守其地，而周瑜自己和孙权则共同进驻襄阳。如此，要发动北攻就易如反掌了。

周瑜提出这个建议，深受孙权的赏识，于是孙权就委托他全权处理此事。周瑜赶忙回到任地江陵整理行装，以便回到京里再商细节，不料，却于归途中病发，死于洞庭湖畔的巴丘。临死之前，还不忘上言说："当今曹操在北方，仍然随时觊觎江南。让刘备屯聚在荆州南部，有如引狼入室，天下局势变化万端，岂可不加以小心应对呢？"周瑜病亡于建安十五年（210年），年仅36岁。

进师益州

在荆州站稳后,诸葛亮开始计划谋取益州。而庞统自从升任军师中郎将后,处心观察天下局势之变,并且上言刘备:"观今荆州之势,人物殚尽,处境危急。东边有孙吴,北方有曹操,皆想伺机而起,想要从中一分天下恐怕难以完成。反观益州,物产丰饶,国富民生,最具有发展的远景,何不设法占据此处图谋大计?"

刘备回答说:"我与曹操最大的不同点,是他为人急躁、残暴、诡谲,而我却秉持着宽厚、仁爱、忠诚来和他相抗逆,若要我为了小利而失信于天下,这种事我根本不屑为之。"

庞统争辩说:"事情固然有权宜之变,但也不可以偏概全,如果兼弱攻昧,事成之后报之以义,封之以大国,如此,焉能算是失信于天下呢?今日如果不取益州,他日益州流入他人手中,将会造成更大的祸害。"

刘备听完庞统的建议,觉得很有道理,就决定听从。

巴蜀是指古代以重庆为中心的巴子国和以成都为中心的

蜀王国的合称，也就是现在的四川省。由于特殊的地理原因，使它经常成为独立政权或朝代更替时失去皇位的皇帝逃难的地方。

在古代，巴蜀与外界的交通，全靠中国政治、经济的中心据点——关中来相互连接，关中就是指渭水南北岸的盆地。而所谓的汉中，是指着扬子江的支流汉水的上游地带。

自古以来，巴蜀盆地不断地受到中原文化的洗礼。巴蜀在汉代时称为益州，前汉末期，公孙述曾据此作乱称帝。到了后汉，由于汉人逐渐内徙开发，造成巴蜀在政治、经济等方面皆呈现出一片欣欣向荣的景象。

汉灵帝时，汉室的宗族刘焉自请为益州牧，进驻成都。兴平元年（194年），刘焉病死，他的部下便拥立他的三子刘璋为嗣。

刘璋继任后，张鲁看他年幼可欺，便起而叛乱，于汉中自立为王。不久，刘璋杀了张鲁的母亲和弟弟，从此两人各据一方，势不两立。

曹操征伐荆州降服刘琮后，刘璋曾派遣别驾张松前往联盟曹操。但是曹操刚平定了荆州，正是志得意满的时候，根本不把他这一个小官吏看在眼里。

虽然张松很有才华，但是曹操只赐给了他一个小小的官职。张松心灰意懒地回来后，便大加抨击曹操，极力劝阻刘璋和曹操断绝交往。

建安十六年（211年），曹操派遣钟繇、夏侯渊等人出兵攻打占据汉中的张鲁。

此时，马超、韩遂等人也起兵对付曹操，但是曹操却用计离间马超和韩遂。马超兵败，逃往凉州（甘肃），于是曹操就控制了关中。

魏将钟繇等人正遣兵往汉中，刘璋听到这个消息，非常担忧，别驾从事张松抓住这个机会，上言说服刘璋说："曹操兵强无敌于天下，现在再加上张鲁的兵力，要攻取巴蜀之地，有谁能与他相抗拒呢？"

刘璋说："这正是我所害怕的事，但是我又不知该如何是好！"

张松接着说："刘豫州是汉室的宗族，也是曹操的大敌。他善于用兵，若请他来讨伐张鲁，张鲁必败。如此，我们可以借他的力量来巩固益州。如果曹操仍要来战，恐怕就没那么容易得手了。"

但是，对于这种做法，却有不少蜀地人士反对。

主簿黄松认为刘备素有骁名，若迎接他来，而以对待部属的态度相待，必定不能满足他的心志。如果以宾客之礼待他，则一山不容二虎，他的地位若稳固了，必定危及主上的安危。

曹操的自负骄矜，却帮了刘备一个大忙。因为张松在刘璋那极力劝说让刘备入蜀。若非是张松的大力支持，以四川的天险，荆州在两面受敌的情况之下，刘备根本没有余力可以进入巴蜀之地，势单力薄的刘璋一定会把巴蜀拱手献给曹操。

刘璋同意了张松的看法，问他派谁前去迎接刘备时，张松推荐了法正。

法正字孝直，扶风郡人。建安初年，天下大闹饥荒，他便和同郡人孟达一同入蜀投靠刘璋，开始被任为新都令，后来调迁为军议校尉。不久，由于受到其他食客的恶意毁谤，遭到免职，郁郁不得志。

法正和益州别驾张松的私交很好，两人经常聚在一起讨论国家大事，他俩一致认为刘璋软弱无能，不可能有什么大作为，因此经常感叹不已。

建安十六年（211年），曹操大举出兵讨伐张鲁时，法正奉命前往会见刘备。

法正见了刘备后，暗地里将蜀中的土地、人口、军情和各种情势详细地告诉了刘备，并且劝他说："以将军的英才，对付懦弱的刘璋，又有张松在蜀中响应，必能一举取下蜀地。再凭着蜀地富饶的物资和险峻的位置，要有大的成就，就易如反掌了。"刘备听了法正的劝说后，就更加坚定了入主巴蜀的决心。

孙权在周瑜死后，也积极地准备进攻巴蜀。他派使者送书给刘备，想联合刘备攻下巴蜀，他在书中写道："逆贼张鲁，表面称王于汉中,私下却为曹操的耳目,觊觎益州。当今益州牧刘璋昏昧,不能自守,如果巴蜀被曹操捷足先登,必然危及荆州的安危。今日我们不妨先发制人,攻下刘璋后再进而讨伐张鲁。如果巴蜀已定,纵然有十个曹操,凭借巴蜀之险,也必可胜之无虞。"

刘备接到孙权的信后犹豫不定,于是部下殷观劝他说:"现在如果与吴联合进攻巴蜀,我们必然会成为他的前锋。前去进攻巴蜀不一定能顺利地攻取下来,反而让东吴有了可乘之机。不如暂时敷衍他说,新据诸郡,国事未定,不愿兴兵动将。"

刘备听完后,十分赞同殷观的看法。于是,他回书说:"益州国富民强,土地险阻。刘璋虽然昏弱,但却还可以自守无虞。张鲁为人虚伪,未必对曹操很尽忠。骤然运兵于千里之外,纵然是拥有吴起、孙武般的名将,也无法克尽其事。而且曹操虽然无君之实,却有奉主之名。今日我们同盟间无缘无故自相攻伐,徒落人以口实,使敌人有机可乘罢了,所以此议非长久之计。"

但是孙权占据巴蜀的意志非常强烈,即使刘备不同意联盟,他也要单独行动。于是,他便派族人孙瑜进驻夏口,整治水军。

刘备听到这件事后,就亲自驻守到孱陵(湖南安乡北),并派关羽到江陵,张飞到秭归,诸葛亮到南郡,积极防守,以禁止吴军的通过。刘备告诉孙瑜说："如果你一定要攻讨巴蜀，我只好归隐山林，不问世事了。无论如何，我绝不愿意失信于天下。"

孙权知道刘备的意志坚定，不得不将孙瑜召回来。但是过了不久，孙权听到刘备单独进师巴蜀时不觉勃然大怒，他派周善驶船到荆州将妹妹孙夫人接了回来。

由于孙权和刘备之间的关系时好时坏，孙夫人又身怀武艺，因此刘备不愿与她多亲近，夫妻间的感情自然也就非常生疏。孙夫人接到哥哥的信后立即动身回吴，临走时还带走了年幼的少主阿斗。

当时，刘备已经在入蜀的途中，他临走前嘱托诸葛亮和关羽镇守荆州，以稳住自己的据点。诸葛亮发现东吴派人来接孙夫人，担心阿斗被抱去当人质，便立即下令，要赵云和张飞两名大将，火速接回阿斗。

赵云得到命令后，便急速带了几名随从飞奔前往。到达时，只见孙夫人带着阿斗正要上船，忙去阻拦。周善见状，大声呵斥说："你是什么人，竟敢阻拦主母？"说罢下令士兵们开船，并且将武器拿出来，排在船上。

赵云沿江追赶说："我们并没有阻拦夫人前去，但有一句话要禀告。"周善并不理睬他，只是勒令全速行进。

赵云沿江赶了十余里，忽然见到江滩有一条小渔船系在那里。赵云弃马持枪，跳上了渔船，便往夫人所乘的大船追赶。

周善下令放箭,赵云以枪拨之,箭纷纷落水。离大船数丈余时,赵云奋身一跃,攀上了大船,吴兵皆被他的气势所吓倒,赵云进入船舱,见到孙夫人怀中抱着阿斗,赵云心平气和地说:"主母欲往何处,何不知会军师?主公一生,只有这点骨肉,小将在当阳长坂坡将他救出。今日却被夫人暗中抱走,不知是何道理?"

孙夫人生气地说:"放肆!你只不过是一名小小的武夫,竟敢过问我的家务事。"

赵云回答:"夫人要去便去,但是请求您留下小主人。"

孙夫人呵斥道:"你半路杀入我的船上,是不是想造反?"

赵云说:"您如果不留下小主人,我即使一死,也不能放夫人回去。"

孙夫人下令左右奴婢上前阻拦,被赵云一推,顺势夺走了阿斗。赵云一手持着剑,一手抱着阿斗,没有人敢接近他。但是,当他跑到船头,没有船可乘也没有路可走。正在左右为难之际,突然下游驶来了十余艘船,赵云心里一惊,心想,难道是中了东吴的计谋?

忽听见站在船头的粗犷大汉高声喊道:"嫂嫂,请留下侄儿来。"

赵云仔细一看,原来是张飞接到消息后赶来营救阿斗。周善见张飞提剑跳上船来,便挥刀迎面而击,张飞顺手一剑劈下,将他砍倒在地。

孙夫人见到张飞后大吃一惊，说："叔叔为何如此无礼？"

张飞说："嫂嫂不以大哥为念，私自离家，更是无礼。"

赵云和张飞私下商议，如果逼死孙夫人的话，也非人臣之道，不如就护着阿斗回去吧。

于是，张飞便对夫人说："我大哥是大汉的皇叔，功高厚禄，绝不会辱没了嫂嫂。如果你念及我哥哥的恩情，便请早日回来吧。"

说完，抱着阿斗和赵云一同跳回船上，直驶回航。船行不久，便看到诸葛亮率着大队船只前来迎接。

诸葛亮看到阿斗平安归来，总算是落下了心中的大石，急忙派人送信给刘备，将此事详细地报告给刘备。这场风波就此有惊无险地结束了，但是，从此以后孙权和刘备之间的关系却开始恶化。

刘备带着庞统等人，亲自率领着数万名士兵入蜀。他们一队人马，经过了巴郡，逆江而上。刘璋率领了数名部将，亲自出城相迎。刘备也受到了当地百姓的热烈欢迎，并与刘璋相谈甚欢。张松令法正向刘备游说，可趁刘璋无防备时反攻。

这时，庞统也劝说刘备："今日在此相会，可借机抓了刘璋。如此，便可不费吹灰之力占领益州了。"

刘备却不愿意这么做，他认为这是一件大事，必须从长计议，不愿轻举妄动。

刘璋推举刘备为大司马，兼领司隶校尉，而刘备也尊奉他为行镇西大将军，兼领益州牧。刘璋还给予刘备丰富的物资和充实的军备，支持他前往汉中攻击张鲁。同时，又把白水关（昭化北）守将杨怀和高沛的军队全权移交给刘备掌管。

留数日之后，刘璋班师返回成都。刘备则率领着3万多名士兵，携带各种车甲装备前往四川北部的葭萌（昭化东南五十里）。

刘备到达葭萌后，并未立即动身前往汉中讨伐张鲁，而是大兴惠民措施，收拢人心。

建安十七年（212年），曹操再度举兵南下，孙权向刘备求救，刘备派使者送信给刘璋说："如今曹操派兵南下入侵东吴，东吴的处境非常危急。东吴和我唇齿相依，无论如何我都没有不支援的道理。而且乐进又在青泥和关羽相战，我若不前往解救关羽，恐怕乐进获胜后会转而侵略荆州，如此为祸将更甚于张鲁，张鲁只不过是地方之贼，还不足以令人忧虑。"

张松听到刘备将率师东回后，写信给刘备和法正说："事到如今，益州已是唾手可得了，为何突然放弃东回呢？"

不料，张松想要谋害刘璋的事，被他的哥哥知道了，张松的哥哥张肃当时任职广汉太守。他唯恐弟弟出卖刘璋的事情东窗事发后连累自己，便将此事上奏刘璋。刘璋听后非常震怒，立即下令收押张松，并将他斩首示众。

这件事情导致刘璋和刘备之间出现了隔膜。刘璋下令守卫边界的将领,没收刘备与中原来往的信件。刘备知道此事后大为生气,但他对是否夺巴蜀举棋不定,庞统再次劝说他:"如今有三个计策可行。上策就是立刻选精兵,昼夜兼行,袭击成都。刘璋既不善于兵事,平时又没准备,突然遇到大军过境,必败无疑。中策是主公现在假装要返回荆州,然后派人邀请刘璋的两员大将杨怀、高沛前来一见。他二人手中握重兵并且驻守关头,听说他们经常上疏刘璋,请刘璋把您发遣回荆州。他俩一听您要回去,必定高兴来见。可趁机杀了他们,收服他们的军队,进而攻向成都。最下策就是退回白帝城,与荆州连成一线,再慢慢地图谋此事。您不能再如此犹豫不定了,否则必会导致大难。"

庞统祠墓

刘备听后，决定杀死对自己不利的杨怀和高沛，并且接收他俩的军队。

同时，刘备亲自率领黄忠、卓膺等带兵进攻涪城。刘璋在涪城的守将刘璝、冷苞、张任、邓贤等皆被刘备的军马一一击破，退守在绵竹。

这时，刘璋的大臣郑度上书说："左将军兵不满万，民心不附，不如把巴西、梓潼附近的百姓迁移到涪水以西，并将仓廪贮谷全部烧毁。刘备军资缺乏，必不能久战，等他们自己撤退后，我们便可趁机追击。"

刘备听到这个消息后非常担心，便前往请教法正。法正告诉他说："你放心好了，刘璋绝对不会听从此计。"

果然，懦弱的刘璋告诉群臣说："我只听过要抗拒敌人以安定百姓，从来没听说劳动百姓来躲避敌人。"因此，刘备的作战一直都很顺利。

诸葛亮自从刘备率军入蜀后，便受托驻守在荆州总揽大事。他在荆州密切注意蜀地各种情势的发展。

建安十九年（214年），刘备正在围攻雒城，诸葛亮眼见时机成熟，便令关羽留守荆州，亲自率领张飞、赵云等兵将溯江而上，平服了江阳、江淮和白帝城，前往支援刘备。

这年夏天，刘备等人经过了一番激战，终于攻破了雒城，进而围攻成都。然而庞统却于率众攻城时，被流箭误杀身亡，年仅36岁。刘备丧失爱将，悲痛不已，每次提到庞统的名字，总是悲从中来。

早先马超被曹军攻打得狼狈不堪时，曾投效到张鲁的麾下。此时，张鲁眼见益州即将不保，便派遣马超带兵前来支持刘璋。但是，刘备也派遣李恢前往说服马超投降，马超受诏，在到达成都时，即转而投效到刘备的旗下。

这时，刘璋已是四面受敌、朝不保夕了。刘备包围成都数十天，派从事中郎涿郡人简雍进城劝降刘璋。此时城中还有精兵三万人，粮食和丝帛可以支持一年，官吏和百姓都愿死战到底。

此时的刘璋却说："我们父子统领益州二十余年，对百姓没有什么恩德。百姓苦战三年，暴尸荒野，实在是因为我刘璋的缘故，我怎能安心！"因此他命令打开城门，和简雍同乘一辆车出来投降，部属无不伤心落泪。刘备把刘璋安置在公安这个地方，归还他的全部财物，让他佩带振威将军印绶。刘备大军毫发无损地进入成都。刘备自领为益州牧，并大封群臣，诸葛亮受封为军师将军，置左将军府事，法正、关羽、张飞等人也都分别加封晋爵。

成都平定后，法正受封为蜀郡太守、扬武将军，对外负责京畿的安全，对内则负责共参谋策。法正当年深受蜀地人士的轻视和毁谤，如今得势后，对已往和他有私怨的仇人都不放过。有的将领看不过他的公报私仇，便把法正所做的事告诉了诸葛亮，要求他将法正的事告知刘备，不应该纵容法正的行为。

诸葛亮回答说："当主公在公安时，北有曹操为敌，东有孙权相逼，近有孙夫人的威胁，真可说是四处受敌。当此危难之际，法正全力辅佐主公，使主公得以摆脱困境，有了今天的成就，如今，又怎么能与他计较这些事呢？"

诸葛亮之所以放任法正，是因为他认为当务之急，不是如何惩治法正的不法行为，而是要怎样治理好巴蜀的内部问题。诸葛亮出任左将军府事后极力整饬内政，选贤举能，只要有才能便推举他们出来做官，而不计较他们的过去。因此，诸如刘璋的旧识如许靖、糜竺、简雍，部属董和、黄权、李严和他的亲戚吴懿、费观等人，皆获得重用。

诸葛亮治理益州时，政令严苛，赏罚分明，不满之声时时可闻，法正便曾对他说："高祖入关时，与百姓约法三章，百姓都非常感激他的宽宏大量。今日你假借君主的权力，不肯体恤民情，这样必然会丧失百姓对君主的向心力，你应该缓弛刑罚，以慰藉新归属的蜀地百姓。"

诸葛亮反驳他说："你只知其一，不知其二。秦政严苛，人心分崩离析，高祖立于秦殁，对百姓加以弘济，人民立即能体会出他的恩惠。今日则不然，刘璋懦弱无能。自从他即位以来，德政不举，威刑不肃，蜀中人民争相钻营，求得高位，殊不知位极则贱。今日吾人威之以法，法严峻则百姓知恩惠。限之以爵，则加官晋爵时才能领略出荣耀。荣恩并施，上下有节度操守,如此才是治理政事的要领。"

诸葛亮管辖的蜀地政治清明,赏罚公平。他治民有道,任用人才只考虑其是否有才华,而不计较他的资历先后。他对西边的少数民族也极力招抚。不到数年,西方的部落便纷纷臣服于刘备的旗下。

三国鼎立成帝业

汉中称王

随着刘备的实力日益增强，他与孙权之间的矛盾越来越激化。为了争夺荆州这一战略要地，他们已经发展到公开的冲突和战争。

建安二十年（215年），孙权得知刘备已经平定了益州，心中对他的势力更加担忧。孙权认为当时刘备兵败无容身之地，是他收容了刘备，并且助他一臂之力击败了曹军，他理当获有荆州全部的统辖权。况且刘备如今又拥有了益州，势力与日俱增，于是他更加心切地要夺回握在刘备手中的荆州诸郡，因此任命了长沙、零陵、桂阳三郡的地方长官。

镇守公安的关羽听到这个消息后，立刻兼程赶往驱逐这三个新吏。孙权知道后，怒不可遏，立即下令统帅吕蒙率领两万余人前往夺取长沙、零陵、桂阳三郡，并派鲁肃屯驻在巴丘以抵抗关羽，至于他本人则驻防在陆口，指挥全局。

吕蒙的军队一到，所向披靡，瞬息之间就夺回了长沙、桂阳两郡，只有零陵的太守仍然坚持相抗。此时，刘备听到消息，立刻赶回公安，亲自督导作战，并且又派关羽率领了三万士兵进攻益阳。结果吕蒙、鲁肃也率军在益阳与关羽相持不下。吕蒙趁此机会设计诱骗刘备部下郝普投降，夺取了三郡。

在这一触即发的关头，曹操突然又显示出要掠夺汉中的意图。刘备唯恐曹操进攻汉中会危及益州的安全，便派使者前往与孙权议和。在诸葛亮的努力下，双方的战事总算没有大规模爆发。而后，双方又分别选派鲁肃和关羽进行谈判。

鲁肃与关羽会面时，双方各驻兵马在百步之外，两名将军分别下马来单刀赴会。鲁肃数度诘问关羽说："我们当初借土地给你们，乃是同情你们兵败远来，无处栖身。今日，你们已经据有益州，却仍没有奉还荆州的意思，况且我们只是要求你们归还三郡而已，你们却仍不听命。"

关羽回答说："乌林之役，我军睡不安枕，勠力破敌，岂能徒劳而没有一块土地安身呢？"

经过谈判后，双方并没有开战的意图，于是便尽撤藩篱，罢兵言和。以湘水为界，湘水以东的长沙、江夏、桂阳三郡归孙权；湘水以西的南郡、零陵、武陵三郡归刘备。

建安二十年（215年）三月，曹操率兵进攻汉中，先后攻破了王窦茂和韩遂的军队。七月，乘胜追击张鲁，进入了南郑（汉中郡治）。九月，制服土民巴賨。十一月，张鲁率众前来投降曹操。

刘备在公安听到曹操入侵汉中的消息后,立即赶回益州,并派遣黄权前往说服张鲁归顺。但是张鲁已经率兵投降了曹操。

虽然已经占据汉中,但是曹操的野心远不止如此,他接着又想攻取益州。于是,他派夏侯渊、张郃屯驻在汉中,并经常派兵侵犯益州的疆界。

刘备看到这种情形,便派遣张飞进驻宕渠(四川渠县东北)防守,结果张飞和曹操的手下张郃在瓦口大打出手,张郃大败,鸣金收兵,急速逃回南郑。而刘备也心安地返回成都,静观事情的变化。

建安二十一年(216年),曹操返回邺。五月,曹操宣称天子加封晋爵,自进为魏王。从此,他更牢牢地套住了华北的政权。曹操升为魏王后,他的臣僚却为了曹操的后嗣人选问题而分为两派。

曹操的几个儿子中,以曹丕和曹植最为突出。曹丕是长子,为人气量非常狭窄,又善妒,但是由于他善于与臣子们打好关系,因此许多官吏都拥护他为太子。曹植的个性则与曹丕截然不同,他为人宽宏正直,是曹操诸子中最为正派的一个。曹植文武全才,品学兼优,深得曹操的欢心,所以曹操有了废长立幼的念头。但是,由于曹植不善逢迎,因此宫中诸官经常启奏策立曹丕为后嗣。结果曹丕被立为太子。曹丕为太子后,由于嫉妒曹植的才华,便下令将他放逐,而亲近曹植的一派也永不续用。

建安二十二年（217年），当得知曹操正在处理内务纠纷，法正便上言说服刘备："曹操一举降服张鲁，平定汉中。但是他没趁此机会图谋巴蜀，反而派遣夏侯渊、张郃驻守在汉中，骤然北还，这并不是因为他的力量不够，而是国内发生了变故。夏侯渊、张郃的才能，根本无法和您相比，不如趁机举兵攻打他们，必定可以获得胜利。"

刘备对法正的看法大加赞同，便带着他和张风、吴兰、雷铜、马超等人，率兵前往攻打汉中。魏军的防守很严密，曹操派族人曹洪统领全军，并笼络氐族，击退了吴兰、张风。不久，刘备屯聚于阳平关，由于兵粮殚竭，便急忙求助于守在成都的诸葛亮。

诸葛亮当时镇守成都，足食足兵，接到消息后，便以此事询问蜀部从事杨洪，杨洪回答说："汉中有若益州的咽喉要塞，今日汉中情势危急，蜀地的男子们自然应该参战营救，而女子们也应该负起后援的责任。如今，调兵遣将自然是刻不容缓的事。"诸葛亮一听，非常赏识杨洪的见解，便上荐他为蜀郡太守。

建安二十四年（219年），蜀、魏对峙的局面仍然存在，刘备率兵自阳平南渡沔水，在定军、兴势附近扎营。但是，夏侯渊却率曹军前来，争说此地乃是魏国所有。法正在旁眼见时机成熟，便告诉刘备说："这正是下手的最好机会。"于是，刘备便命令蜀将黄忠，一鼓作气，乘机追攻曹军，砍下了夏侯渊的头。

曹操得到这个消息，立即自长安率兵南征。此时，成都人心惶惶，刘备却不慌不乱地说："曹操虽来，但是路远疲顿，一定无法胜过我们，我们可以静观自得。"

三月，曹操亲自率领大军至阳平关附近，刘备领兵据险以抗。翊军将军赵云率领骑兵数十人出营查看，恰巧曹操大军出动，赵云与敌人猝然相遇，便冲击敌阵，且战且退。曹军汇合后追至赵云的军营前，赵云进入军营，又大开营门，偃旗息鼓。曹军怀疑营中有埋伏，于是撤退。赵云命人擂起战鼓，鼓声震天，却只以强弩在后面射杀曹兵。曹军非常惊骇，自相践踏，很多人落入水中溺亡。第二天一早，刘备亲自来到赵云的兵营察看了昨天的战场，说道："子龙一身都是胆啊！"

战斗数日，曹军伤亡人数越来越多，却始终攻克不下，无奈之下曹操只得下令撤兵，刘备就这样完全占有汉中了。刘备进驻汉中后，便派遣刘封、孟达、李平等前往上庸攻打申耽，申耽听说曹操已经放弃汉中逃走了，便马上倒戈投降。

刘备平定了汉中之后，大加犒赏三军，一时人心大悦，群臣皆想推他为王，以便和曹操相抗，但却又不敢启齿，于是便禀告诸葛亮，诸葛亮说："你们不用多说，我心里早有打算了。"

诸葛亮

诸葛亮领着法正前往晋见刘备说:"今日曹操专权,百姓苦于无主,主公的仁义遍施于天下,今日又据有两州之地,不妨适应天时大势,即皇帝位以便名正言顺地讨伐国贼曹操。"

刘备听了大吃一惊,说:"军师如此说就不对了,我只不过是汉室的一个臣子,怎么可以僭位?如此不是煽动我造反吗?"

诸葛亮说:"当今天下分崩离析,各路英雄群起割据,有节之士,皆不顾存亡前来投效主公,无非是想攀龙附凤,建立功名。如今主公避讳守义,不肯成就帝业,恐怕会有失众人所托。今日应该顺应情势,通权达变,不可拘于常理,主公可先进位汉中王,再呈奏天子,也为时不晚。"

在场的文武官员也异口同声说:"主公若推卸,则民心士气瓦解,恐难以收回。"刘备再三推辞,却拗不过众人的请求,只得答应晋位汉中王。刘备设坛于沔阳,方圆九里,群臣各依官秩顺序排列。刘备面南而坐,受群臣贺拜为汉中王。

随后,刘备修书一封,派人兼程送至许都以呈献天子。刘备于书中上言,由于曹操包藏祸心,篡盗已显。既宗室微弱,帝族无位,酌酌古式,依假权宜,上臣为大司马汉中王,将竭尽己能,应天顺时,扑讨叛逆,以报效汉家。

当时,汉献帝在名义上仍为天子,但实际上的政权却已落入曹操父子的手中。此时,刘备在汉中称王;加上孙权又野心勃勃地在一旁观望。为了统一国家,激烈的战争是不可避免的。

痛失猛将

义薄云天的关羽

曹操得知刘备在汉中称王,顿时勃然大怒。他立刻下令聚集全国的军力,准备前往巴蜀攻打刘备。这时,司马懿却出面劝谏说:"魏王不可因为一时意气用事而亲自远征,如今小臣有一拙计,可令刘备在蜀自取其祸。"

曹操欣喜地说:"你有何高见?"

司马懿回答:"江东孙权因刘备占据荆州不还,早已心生不满;刘备因孙权接走孙夫人,至今不让她回来,也对他素有嫌隙。现在只要派一说客前往游说孙权,使他出兵讨取荆州。您则出兵讨伐汉中，如此一来，刘备两面受敌，必定无法自救。"

曹操一听，非常欢喜，便派遣满宠为使，连夜赶往江东拜见孙权。孙权对他非常礼遇，满宠热诚地呈上曹操的信说："魏王与您素来无仇，只因刘备的缘故，导致两家连年征战不停，生灵涂炭。今日魏王差我到此，希望能约将军取下荆州，而魏王则出兵袭击汉中，头尾夹攻，令刘备无路可退。"

孙权听后，与谋士相议，众谋士皆说这虽然是曹操的谋策，但仍有可行之处。于是孙权便设筵款待满宠，并派人护送他回许都。

刘备在成都听到曹操联合东吴，准备夺取荆州，便立即请诸葛亮前来商议，诸葛亮说："我早就料到曹操一定会出此策谋。吴中的谋士也一定会建议要曹操先令曹仁做前锋。"

刘备焦急地说："这该如何是好？"

诸葛亮说："主上不妨先下令关羽，兴兵取下樊城，以他锐不可当的气势瓦解敌人的士气，如此可使敌军闻之丧胆。"刘备听了喜出望外，便派遣前部司马费诗为使，命他送书前往荆州。

自从建安十三年（208年）以来，关羽便一直驻守在中原。在刘备积极开拓巴蜀时，他忠心地据守着荆州，骁勇善战的威名远近皆闻，震动了中原。当关羽在荆州接到刘备差人送来的书信后，便立即开拔前往襄阳，同时又派部属糜芳镇守江陵，傅士仁在公安屯守，监视着扬子江两岸，防备吴军趁机偷袭。

曹仁在襄阳城内防守时，忽然听到传报关羽亲自带兵前来攻打，曹仁大惊，想要固守城池，不理睬关羽的呼战，但是勇将夏侯存却颇为不满地说："我军以逸待劳，自可取胜，难道你未听过'水来土掩，兵来将挡'这句话吗？"于是，曹仁便听从夏侯存的意见，嘱咐参谋满宠固守住樊城，率兵出城应战。

关羽听说曹兵前来迎战，命关平和廖化两名大将依计前往出击。两军交战不久，关平和廖化诈败而逃。曹将夏侯存、翟元追杀了二十余里，忽然听到背后鼓声大作，喊声惊天，曹仁心知不妙，唯恐中计，便火速下令班师折回，但却被关羽等将拦住了后路，不消一刻，夏侯存和翟元都死在关羽的刀下。曹仁心存恐惧，趁势逃回樊城，关羽也就进占了襄阳城。

曹仁退回了樊城，惊魂未定又听说关羽率众渡江前来攻打。曹仁一惊非同小可，便问参谋满宠有何对策，满宠回答说："关羽的威武有若虎将，而且又足智多谋，千万不可轻敌。据我看，目前权宜之计，唯有在城里坚守。"

武将吕常愤怒地说："我不同意坚守！你们这些书生贪生怕死，只会纸上谈兵！今日我只请求带兵两千人，前往应战就绰绰有余了。"于是曹仁拨两千名士兵给吕常，吕常带兵来到江口，关羽出来迎战。吕常的士兵被关羽的威仪所震慑，纷纷弃甲而逃，吕常制止不住，只得亲自交锋。

曹仁在樊城内，看到败兵们纷纷逃回，便差人连夜呈书给曹操。书中写着："关云长破了襄阳，现在围攻樊城甚急，希望能派遣大将前来救援。"

曹操接到信后慨叹着说："关云长威震中原，所向无敌。难怪连曹仁都要讨救兵。"于是，立即加派于禁为征南将军，庞德为征西都先锋，率领七军，前往樊城解危。

庞德和于禁屯驻于樊城北十里的地方，以防止被关羽截断后路。

此时已快到秋天了，连续降了几天的暴雨。关羽令手下预备船筏，准备雨具。原来，关羽已经派人去堵塞襄江各处的出水口。于禁的大军驻扎在险隘的河谷，天天阴雨不断，襄江的水位一直高涨，等到江水暴发，就可趁机进攻樊城，于禁的大军那时就成为江底的鱼鳖了。

大雨不止，庞德急见于禁说："如今大军屯于川口，川口地势甚低，近日来秋雨连绵，听说关羽已将军队移到高地，又在江口准备战筏，倘若江水暴涨，我们的军队就危险了，不如早日设法转移阵地。"

于禁说："这是不可能的事，你就不要杞人忧天了。"

庞德与于禁会面后，当晚坐在营帐里，忽听到水声如万马奔腾。庞德一惊，立即出帐察看，只见河水排山倒海般涌入，大批的士兵都被卷入水中，求救声不绝于耳。庞德连忙和于禁登上小丘避水。

将近黎明时,关羽带领诸将摇旗呐喊,乘坐大船而来,于禁眼见四下已无退路,便弃甲投降。关羽擒获于禁后立即领兵前往攻打樊城。来到樊城北门外,关羽勒马扬鞭,大声叫道:"你们这些鼠辈,现在赶快投降,可饶你们的小命!"

正说着,曹仁从城墙上往下偷窥,看到关羽身上只斜披着一件绿袍,便立即召唤500名弓箭手,一齐发箭。关羽见箭如雨下,就忙策马往后退。不料右臂却被射中了一箭,翻身落马。曹仁见关羽落马,便引兵杀出城外。关平率领众将与曹军展开厮杀,曹军不敌,又退回城中。

关平连忙和众将商议:"父亲身中毒箭,若损及右臂,将来如何出兵?不如暂时退兵回荆州调养一番。"关羽回到军营,坚持不肯撤兵,而手臂上的毒疮却日见肿胀起来,动弹不得,只好就医。

大夫看了伤口后说说:"箭头上有毒,毒素深入到了骨头里面,应当割开手臂受伤处,刮去骨头上的余毒,然后这种病痛才能消除。"关羽便伸出手臂让医生开刀。当时关羽正好请了将领们宴饮,手臂上的血一直往下流,而关羽却切肉饮酒,谈笑自若。

关羽斩了庞德,虏获于禁。曹操在许都听到了这个消息,又惊又怒,便聚集文武大将共议说:"我早知关云长智勇双全,如今荆州、襄阳两地被他夺走,于禁被掳,庞德被杀。倘若他一鼓作气直接攻到许都来,该如何是好?我想不如趁早迁都为妙。"

司马懿上谏说:"千万不可如此,于禁军败乃受困于水祸,并非是关羽的战功。今日关羽得志,孙权定不服,可派遣使者前往东吴,令孙权暗中起兵攻击荆州,等事成后,再割江南之地给他。关羽若听到荆州受困,一定会班师而回,如此一来,樊城之危就可解除,我们也可坐享渔人之利。"其他部将也纷纷赞同司马懿的计谋。这样,一方面可以解除危机,另一方面不需劳师动众去迁都。

曹操见部下都同意这个方法,就忙派使者到东吴去说服孙权,又派将军徐晃前往阻挡关羽。孙权接到曹操的信后,告诉使者回禀曹操,愿与魏王同修前好。

孙权送走了使者,立即会合文武大将共同商议。吕蒙上奏说:"如今关羽全力调兵遣将围攻樊城,荆州的防卫力量一定很薄弱。我们趁此大好机会袭击荆州,应该没有什么阻碍才是。"

孙权说:"我早就有意取下荆州,如今你既然如此有把握,那么此事便全权委托给你,你赶快率兵出发,我一定鼎力支持。"

吕蒙拜辞了孙权,回到驻地陆口,却听到部下前来报告说:"此去荆州的沿岸,不到三十里就设有一个烽火台。"吕蒙一听,大吃一惊。他暗想,若真是如此,荆州的防守恐怕非常森严，难以攻取。我刚才在孙权那里夸下海口，现在该如何交代。他思来想去，最后只好对孙权称病。

孙权听说吕蒙卧病在床，心里很不高兴。定威校尉陆逊进言说："吕蒙称病，恐怕只是一个借口。"

孙权说："你既然知道其中有诈，不妨前往探视一下，便知究竟。"

陆逊领命连夜赶至陆口探望吕蒙，一见吕蒙果然面无病容，陆逊笑着说："吕公称病，恐怕是由荆州沿岸的戒备所引起的吧。如今，我有一计可医吕公的心病。"

吕蒙惊喜地说："陆校尉所言正合我心，愿洗耳恭听。"

陆逊说："关羽目中无人，自视甚高，所畏惧的只有将军一人。将军你不妨托病辞职，将陆口一职转交给别人，再派使者前往谄媚关羽，使他心生轻视。如此一来，他一定会尽撤荆州的军备，全力攻击樊城，我们就可趁此机会一举取下荆州。"

吕蒙听完此计，连声赞许，遂称病不起，同时暗中上书给孙权，尽言此计，并推荐陆逊前往代守陆口。孙权获悉后非常欢喜，便立即拜陆逊为偏将军右都督，代替吕蒙防守陆口。

关羽当时全心疗治毒疮，所以按兵不动，忽听到侍从报告江东陆口守将吕蒙病况危急，孙权已另拜陆逊为将，代替吕蒙防守陆口。而后，陆逊又派遣使者来访，关羽将使者唤入,指着使者大笑说:"孙仲谋怎么这么短见,竟然拜小毛孩为将?"使者跪在地上,呈上书信,信中的措辞极为谦卑。关羽读后,仰面大笑,命令左右收下了礼物,差遣使者回去。

使者回营报告陆逊说:"关羽很高兴,看样子他不会再有江东之忧了。"陆逊大喜,派人前往探听,关羽果然中计,将荆州的军队全部发调至樊城。于是他便派人连夜赶去报告孙权,孙权立即召吕蒙前来商议,然后拜吕蒙为大都督,统帅江东几路兵马,并令族人孙皎在后接应粮食。

吕蒙亲自率领精兵三万,快船八十余艘,令士兵都打扮成商人模样。他一边遣使送书给曹操,令其出兵截断关羽的后路;一边日夜兼行溯江而去,直抵浔阳江北。江边烽火台上的守军盘问时,吴军便谎称自己是做生意的,因江中浪大才躲避在这里。守军见他们都是商人打扮,也就不再多问,任由他们停船在江边。到了深夜,吴军偷袭烽火台,将守在江边的刘备的士兵一网打尽,没有损失一兵一将,吴军凯旋地进驻荆州。

吕蒙在江陵登岸后,便下令要善待荆州的百姓,不取百姓任何物品,很快收服了民心。同时,原任官吏仍旧续用,等待孙权全权发落。

防守在公安的傅士仁和南郡的糜芳,一听说荆州失陷,连忙紧闭城门。傅士仁和糜芳两人深得关羽的信任,但他们对关羽的自大态度却很不满。他俩负责军需的供给任务,偶有延误，关羽便叱责他们，还威胁要斩杀他们。吕蒙获悉其中的内情，便派使者虞翻前往招降。傅士仁和糜芳唯恐防守不周被关羽怪罪，就一同弃城投降了。

曹操派遣徐晃前往支持曹仁，徐晃由宛南下，到达襄阳附近的郾城时，曹操曾用飞矢传书，射入樊城报告士兵们援兵已到。吕蒙进攻荆州时，曾经修书给曹操，表示愿意彼此合作，共同讨伐关羽，并嘱咐他千万不要将此事张扬出去，以免坏了大事，但是曹操却仍然用飞矢传书之计，将此事告诉樊城中的军民，城中的曹军为之一振。

关羽原本认为樊城已经唾手可得，所以听到东吴出兵攻打荆州时，不愿撤退。他还认为，江陵、公安有多位大将鼎力支撑，应该是没什么问题，不料却听到前去催粮的士兵回来报告说，傅士仁和糜芳投降东吴了。关羽一听，怒火上升，箭疮迸裂，昏厥于地。众人连忙将他扶起，关羽长叹说："我中了奸贼的计谋，如今还有什么颜面见大哥呢？"

管粮都督赵累说："现在事情紧急，可一边派人往成都求救，一边从陆路攻取荆州。"关羽依从了他的话，便派人连夜赶往成都求救，并且自行领兵前往荆州，而留廖化、关平在后头护队。

关羽退兵，樊城的危机解除了。曹操按照先前的计划，不追击关羽，让他和吕蒙互相攻击，等待双方兵力大伤，他再趁机坐收渔翁之利。

> 诸葛亮

关羽率众奔回荆州，行进之间，士兵们纷纷传言荆州城内一片祥和，于是有许多人逃队潜回城内。军队来到城外时，只见城上白旗招扬，城里的人大声叫喊要荆州的士兵快点投降。一时呼兄唤弟，寻爷觅子之声不绝于耳，于是军心大变，皆应声而去。关羽大怒，带着残兵从黄昏杀到深夜，却无法突围。

关平急忙劝道："如今军心已乱，无法久战，当务之急应先撤守以待援兵，麦城虽小，还可屯驻。"于是关羽便带着残兵们退守到麦城。

赵累说："此地距离上庸不过数里，上庸现有刘封、孟达驻地防守，不妨迅速派人前往求救。若能得到他们的支援，再共同等待成都的救兵，如此就可稳定军心。"

当时刘备的养子刘封和孟达共同防守上庸，听说关羽兵败，两人马上在一起商议。孟达劝说刘封："东吴兵精将勇，且已收复荆州九郡。如今关羽只拥有麦城弹丸之地，即使加上我军的援助，也于事无补，不如托词刚刚收复此城，民心未定，不敢轻易兴兵。"

刘封说："可他是我的叔父啊，我怎能见死不救？"

孟达大笑说："将军以关公为叔，恐怕他未必视你为侄。谁都知道，当初汉中王要立将军为后嗣时，关公很不高兴。后来汉中王即位，要立太子，向诸葛亮请教。诸葛亮以这事是家事为由让他问关羽、张飞，可是关公认为将军乃是养子，不能嗣立，就劝汉中王把将军安插到上庸以杜绝后患，难道将军不知道此事吗？"

正在谈论之间，突然侍卫传报羽将廖化求见。刘封召他进来，虚应其事，不肯出兵相救，廖化大惊，跪地叩首说："要是不肯出兵相救，关公就没命了。"廖化极力恳求，刘封和孟达却视而不见，拂袖而去。

关羽在麦城点算兵马，只剩三百余人，城内粮草将要用完了。赵累说："上庸救兵现在还没到达，可能是刘封、孟达不愿出兵相救。为今之计，不如弃此孤城，杀开一条出路。"

关羽听从其计，遂留周仓、王甫同守麦城，而与关平、赵累，带领残兵两百多名突出北门。行至初更时，忽见山坳处锣鼓喧天，吴军如潮一般涌来，关羽的坐骑被绊。他翻身坠地，一眼瞧见关平已被砍伤多处。关羽新伤旧伤遍体，已经力不从心。关羽与儿子关平被俘，后慷慨就义。关羽死时，年58岁。

天下三分

建安二十五年（220年），66岁的曹操病死在洛阳。曹丕继位为魏王，谥曹操为武王，厚葬于高陵。曹丕继位为魏王后，更加不把汉献帝放在眼里。群臣们俨然以皇帝之名称呼他，曹丕还颁布法令，威逼汉帝。

十月，曹丕逼迫汉献帝退位，并令献帝昭告天下将天子位让给他。曹丕在禅位大礼上接受了国玺，改延康元年为黄初元年，国号大魏。

当"曹丕篡汉"的消息传到成都后，纷纷传言献帝已经惨遭迫害。刘备误信这个消息，痛哭终日，无法处理政事。他下令文武百官全部为献帝服孝，并且在成都遥遥祭悼，追谥献帝为孝愍皇帝。刘备由于悲恸逾恒，无法亲自上朝，便将朝中的政事托给诸葛亮全权处理。

诸葛亮和太傅许靖、光禄大夫谯周商议，认为天下不可一日无君，便想推刘备为汉帝。商议既定，诸葛亮便率着大小官员上表恭请刘备即皇帝位，刘备阅表后大吃一惊，说："你们这种想法，不是要陷我于不忠不义吗？"

诸葛亮上奏说："并非如此。曹丕以异姓篡位，人心多半不服。而主公是汉室的一支，理当继位以延续国祚。"

刘备说："并非是我推辞，只是唯恐天下人议论。"

诸葛亮说："古人说，名不正则言不顺。今日主公名正言顺，天下人有何可议？"

在场的文武百官均一致拜伏于地，齐声劝进："请主上应允，择日行大礼。"刘备眼见众望所归，便颔首答应继承汉室的烟祀。

刘备登坛致祭，上告皇天："曹丕叛逆，害主篡位。群下将士唯恐汉祀颓废,遂举备修之,备无德忝而为帝,当袭先祖之训,抚临四方。"

刘备登上帝位后,定年号为章武元年,册立吴氏为皇后,长子刘禅为太子。封刘永为鲁王,刘理为梁王。封诸葛亮为丞相,许靖为司徒,张飞为车骑将军、领司隶校尉、西乡侯。

历史上称刘备所建的王朝为蜀汉,而诸葛亮却是蜀汉王朝中唯一的一个丞相。诸葛亮即位后,全心地管理国政,以消灭魏国、兴复汉室为目标。自从他担任丞相后,终其一生都是不断地朝着这个目标奋斗。

一蹶不振

刘备为了夺回被孙权抢去的战略要地荆州,同时也为了给关羽报仇,不顾诸葛亮的反对,带领蜀军精锐主力攻打孙权。孙权见状,便派人向刘备请和,盛怒之下的刘备立即拒绝了。刘备的这一做法,违背了诸葛亮提出的联吴抗操的正确方针,使自己腹背受敌。

当时孙权见求和不成,只好派使臣向曹魏称臣,请求救援,并派大将陆逊带兵抵挡刘备大军。这里还有一个诸葛亮巧设八阵图救主的故事。

刘备时刻不忘为关羽报仇,屡次想进攻东吴,诸葛亮几次劝阻他。

这时，赵云也劝道："如今国贼是曹氏而非孙氏，您要是号令全国之师进兵中原讨伐曹氏，全国的义士必争相前来协助。如果只为报仇而征讨东吴，必难以号令天下，双方一经交战，必定难解难分。民心若失，只会让曹丕坐收渔翁之利。"

鲁莽暴躁的张飞

大臣中劝谏的人也很多，刘备都不同意。广汉郡士人秦宓，上书陈述天时对蜀军必定不利，因此被治罪入狱，刘备病逝后，才被放出大牢。

刘备执意要为关羽报仇，任何人的劝谏都听不进去。他即刻下令起兵伐吴。

接着刘备又派使者前往阆中（四川阆中西），调升张飞为车骑将军、领司隶校尉、西乡侯，兼阆中牧，传令他率领一万大军前去和自己率领的大军集合。

发兵之前，张飞帐下将领张达、范疆因害怕未完成任务被张飞斩首便杀死了张飞，二人带着张飞的头颅，顺长江而下投降了孙权。

次日,刘备在营中,忽然听说张飞的部将有表要呈奏给他,刘备听说张飞的部将主动送表来,立刻有一种不祥之感,他顿足大叫说:"难道张飞遭遇不测了吗?"他赶忙差人将表呈上来,果然是报告张飞遇害的噩讯。

张飞一死,刘备更加坚定地率领大军前往征讨吴国。孙权听到这个消息后非常害怕,连忙派遣使臣前来求和。

孙权的南郡太守诸葛瑾写信给刘备说:"陛下和关羽的关系,能比得上与汉献帝亲密吗?如今帝位已被曹丕篡夺,陛下不思剿除,却为异姓之亲而屈万乘之尊,这是舍大义而就小义。荆州的幅员能比得上中原吗?陛下不取中原而力争荆州,这是弃重而取轻也。如今陛下不去声讨魏,反而要攻取吴,我实在为陛下感到不智。"

刘备对此置之不理。孙权见诸葛瑾没能劝动刘备,只好派使者向魏国求助。

这时,刘备指派吴班、冯习两名大将领着四万多名精兵,大破吴军于巫(四川吴山东),并又进驻秭归,招抚了居住在武陵郡山间的少数民族。

魏国大夫刘晔上谏说:"今日孙权畏惧蜀王的兵势,所以前来乞降。以臣的愚见,蜀、吴交兵,乃是天要灭亡他们。陛下不妨出兵渡江袭吴,如果蜀魏内外交攻,则吴不出数日就会灭亡。一旦吴灭亡后,蜀国就孤立了。如此,就可轻易地收拾两国，陛下应该三思。"

但是曹丕却断然拒绝了刘晔联蜀制吴的建议。他认为今日吴国谦卑地前来投降，如果再出兵攻打，将会使其他有心来归的人不敢前来。

于是曹丕下令，派太常邢贞为使节，册封孙权为吴王。刘晔又说："不可以封孙权为王。先皇帝征伐天下，已经拥有全国领土的十分之八，威德震动天下，陛下接受汉朝皇帝的禅让，真正做了皇帝，德行符合天地，声名远播四方。孙权虽有雄才大略，只不过是汉朝的骠骑将军、南昌侯而已，官品很低，权势卑下，其属民都有畏惧我中原朝廷之心，很难强迫他们合谋共事。我们不得已接受他的归降，可以晋封他将军的称号，封他为十万户侯，却不能一下子封他为王。王和皇帝相比，只相差一级，所使用的礼乐、服饰、车马的等级也很混乱。

"孙权仅被封为侯，江南的士人，百姓和他便没有君臣的名分。如果我们相信他的假投降，就大大晋封他，尊崇他的地位，给他加上王的称号，使江南人和他确立群臣关系，这是为猛虎加上双翼！孙权既然取得了吴王的地位，等迫使蜀军退走之后，他会外表上遵守礼节，服从朝廷，使人们都知道这件事，实质上对朝廷无理，以激怒陛下；陛下如果发怒动火，出动大军征伐他，他就不慌不忙地对他的百姓说：'我们委身于中原朝廷，不吝惜珍贵宝物，按时贡献礼物，不敢违背臣下对皇帝的礼节;但朝廷却无缘无故地征讨我们,一定要消灭我们的国家,俘虏我们的人民去作他们的奴仆和婢妾。'吴的民众便会相信他的话,并对陛下的所为感到愤怒,君臣上下一心,战斗力就会增强十倍。"但是文帝仍然不听,封孙权为吴王。

孙权的使者赵咨来到许都致谢,曹丕问:"吴王是什么样的君主?"

赵咨回答说:"是一位聪明仁智雄略俱备的主上。"

曹丕冷笑说:"你这样褒奖他是不是太过分了?"

赵咨回答说:"我对将军评价并无过誉之处。他能任用鲁肃处理政事,这是他的聪明之处;能再重用吕蒙领兵作战,这是他识人之处;活捉于禁而没杀他,这是他的仁厚;取下荆州而不用武力,这是他的智巧;雄踞江虎视天下,这是他的雄猛;屈身于陛下,这是他的谋略。这些都说明他是一位雄略兼具的领导者。"

曹丕又说:"东吴有多少像你这样的人才?"

赵咨说:"有过人聪明才智兼备谋略的人大约八九十。若像我如此平庸的泛泛之辈,则可用车载,难以胜数。"

曹丕感叹地说:"古人说:'使之四方,不辱君命',你可以当之无愧!"

章武二年(222年)正月,刘备与孙权的交战处于相持阶段。

吴班、陈式二将率领着水军在夷陈控制长江南北两岸，刘备则在猇亭（宜都北三十里，扬子江岸）派遣水军顺江而下，深入吴境。他命军队在沿江屯驻四十余个军营，军营相连七百里以抗敌。

部属黄权上告刘备说："吴人善于水战，今以水军顺江而下，进易退难。小臣愿意为陛下的先驱，陛下宜在后阵，以预防任何差错。"

其他的官员也苦苦相劝，但是刘备不肯接受，他将军队分为两路，命令黄权督统江北的大军，以防止魏寇。刘备则亲自率领江南诸军，在沿江结营屯聚，以便趁机攻入吴国的中心地。

刘备还派遣侍中马良前往拉拢武陵之五溪的少数民族，希望他们能助蜀去攻打吴的侧腹。

当蜀兵屯驻在江岸时，吴将陆逊一直很沉得住气，并警告部下不得随便开战，等他看到蜀兵日益懈怠时，他便聚集大小将士说："我自从受命以来，还未曾开战。今日观看蜀兵，知其防备松懈，这正是我们下手的大好机会。我现在要采用火攻，但是这个计策一定瞒不过诸葛亮。可幸此刻他人不在这里，远水救不了近火，这正是上天赐予我们成功的机会。"

陆逊便派韩当引军攻打江北岸，周泰引军攻南岸。每人手上拿着一把茅草，里面暗藏硫黄焰硝，并且携带着武器，对蜀军联结的四十余个军营发动总攻击。蜀兵进退不得，一片慌乱，张南、冯习两名大将战死。前来支援的胡王沙摩柯也被杀死。

刘备率领残兵避守夷陵马鞍山，而陆逊仍然不断地发动猛烈攻击。

此时，汉军的死伤人数已高达万余人，尸体堵塞了江水，而其他的残兵剩将则纷纷投降。刘备退回秭归县，召集残兵，前往白帝城避难，并将鱼腹改名为永安。对这次大败，他羞愤地说："我竟然被陆逊这个无名小卒打败，这莫非是天命！"

章武二年（222年）的这一次战役，可说是刘备在晚年所遭受的最大一次败绩。刘备的声势从此便一蹶不振，而蜀汉也永久失去了荆州。

当初诸葛亮在隆中对策里建议要跨据荆州、益州，作为三分天下的基地。而今益州是得到了，但是荆州却是两度失守，这对诸葛亮是重大的打击。对于蜀国来说，荆州的失守将意味着天下局势的变化。

三国鼎立的局势错综复杂。

孙权是江东的名门世族，他们世代在江南为官，与中原的政情并没有直接的关系。他们偏安于一隅，极力巩固自己在江东的力量，无论是与蜀还是与魏联合，最根本的目的，是为了保障自己的势力范围。

蜀国先天条件不足，即使有奇才诸葛亮为之谋划，可

> 诸葛亮

是刘备太重道义情感,一再错失占据荆州的好机会,因此蜀国始终完成不了复兴汉室的任务,这是诸葛亮也难以扭转的。

魏国的实力是最雄厚的,加之统治者也算是有雄才大略,只是缺少能够为之谋的贤士,没有正确的策略,一直只占据天下一分。

虽然诸葛亮已经尽了全力去支持蜀汉,但是由于蜀汉先天条件的不足,终于无可避免地在三国中首先崩溃。

唐朝大诗人杜甫曾写了一首诗《蜀相》,将诸葛亮一生的功绩与遗憾展现在我们的面前:

> 丞相祠堂何处寻?锦官城外柏森森。
> 映阶碧草自春色,隔叶黄鹂空好音。
> 三顾频烦天下计,两朝开济老臣心。
> 出师未捷身先死,长使英雄泪满襟。

辅后主南征北伐

平定南方

章武三年（223年）春，刘备一病不起，自知将不久于人世，便派遣使者前往成都请诸葛亮前来永安宫接受遗诏。刘备把太子刘禅托付给诸葛亮，并嘱咐太子要听从诸葛亮的建议，重用诸葛亮。四月二十三日，刘备病逝在白帝城，享年63岁。太子刘禅即位，史称后主，年号建兴。后主封诸葛亮为武乡侯，任益州牧。

执掌国政的诸葛亮

刘备死后，诸葛亮想要复兴汉室，必须解决两个问题，一是与吴国交好，一是平定南方的叛乱。

蜀国此时新主刚登帝位，国情还不稳定，因此必须要再次与吴国交好，共同抵抗势力强大的魏国。诸葛亮思前想后，终于决定派邓芝出使东吴。邓芝不负众望，凭借着自己的勇气和不卑不亢的态度，向孙权一一分析东吴与蜀国间的利弊关系，恢复了与东吴的友好关系。

紧邻蜀国边境，有南方四大少数民族的集聚区，分为四郡。建兴三年（225年），益州的探子回报诸葛亮，南方部落首领孟获带着两万精兵侵犯蜀国边境。诸葛亮上奏后主，请求亲自领兵前去征讨。

七月，诸葛亮率兵到孟获作乱的南方地区。诸葛亮知道孟获不仅作战英勇，在当地少数民族中也很得人心，就是在汉族中也有一定威望，若是孟获归服了，其他少数民族就不敢作乱了。于是，他决定攻心为上，收服孟获。

孟获虽然作战骁勇，却不懂得作战计谋。第一次两军交战，蜀军按诸葛亮吩咐故意败退，孟获不管有没有陷阱不顾一切地追赶逃兵，果然上了诸葛亮的圈套，被蜀将魏延活捉。诸葛亮问他服不服气，让他归顺。孟获冷哼一声，不屑地说了句，胜败乃兵家常事，自己坚决不服。诸葛亮微微一笑，亲自给他松绑，并用好酒好菜招待他之后，放他回去了。接着，诸葛亮又把抓到的孟获的副将找来，故意说孟获把叛乱之罪都推了到他身上。副将十分生气，连喊冤枉，诸葛亮好言劝慰了他一番，把他也放了回去。

见到诸葛亮就这样把孟获和他的副将都放了，蜀军部将们都大感不解。诸葛亮对他们解释，活捉孟获就好比从口袋里取东西一样容易。只有让他心服口服地归顺，南方才能真正地安定啊。

孟获的副将回去后，乘孟获酒醉把他绑了交给诸葛亮，诸葛亮第二次活擒了孟获。孟获仍是不服，他说被捉并不是诸葛亮的功劳，是不小心被副将暗算了。诸葛亮又把他放了。

孟获回来后想到一计。他让自己的弟弟带人去向诸葛亮诈降，诸葛亮一眼就识破了他的计谋。把诈降的人都灌醉了，让前来偷袭的孟获落入陷阱，第三次活捉了孟获。孟获仍不甘心，诸葛亮又把他放了。

孟获集中了全部兵力，决心与蜀军决一死战。诸葛亮却坚守营地，拒不出兵，气得孟获暴跳如雷。几天后，蜀军在一夜之间撤离，只留下空空的营地。孟获大喜，认为必定是蜀军国内有急情才匆匆撤退，于是挥师急追，没想到落入蜀军的包围，孟获再次被擒。他仍不服，诸葛亮又将他放掉。

屡次吃亏的孟获再也不敢轻举妄动了，便跑到一个叫秃龙洞的险要之地躲起来负隅顽抗。蜀军奇袭秃龙洞，第五次抓住了孟获。诸葛亮知道他还是不能心服，又把他放了。这时，部将们都极为不满，认为大家辛辛苦苦抓了孟获，诸葛亮轻而易举就把他放了，心中十分不满。

蜀军又分别战胜了孟获请来的各部族首领，大破怪兽兵，第六次擒住孟获。第七次火烧藤甲兵,抓住孟获之后,诸葛亮派人告诉孟获,可再放他回去。孟获流着眼泪,感激不已,恳切地说:"七擒七纵,自古以来没听说过哪个人可以做到。我虽然是粗鄙之人,也懂得礼仪,难道真这般不知羞耻吗?"于是率兄弟妻子及各部族首领,一起跪拜在诸葛亮面前,诚心诚意地表示愿永远归顺。南方就此平定,诸葛亮引军凯旋。

南方的平定,消除了诸葛亮北伐的后顾之忧,而且此地物产富饶,矿藏也很丰富。昆明一带盛产盐、铁,永昌产金、铜、琥珀等,还有金、银、丹漆、耕牛、战马等可供给军需。

十二月,诸葛亮班师返回成都,后主亲自出城三十里相迎,诸葛亮远远看到后主率领着车銮仪队在路旁等候,忙跳下车来,匍匐于地,说:"臣不能迅速平服南方,使主上担忧,臣不胜惶恐。"后主扶起了诸葛亮,请他上车一同回到朝中,并在宫里大摆筵席,重赏三军。

从此,诸葛亮力整政纲,督导百姓讲武习农,朝野呈现一片清平,连远在三百里外的异邦都闻风前来朝贡。诸葛亮还大力提拔朝中的文武人才,当时在朝廷中逐渐崭露头角的青年才俊有蒋琬、费祎、杨仪、魏延、董允等人。

后主刘禅遵守先父的遗命,充分地信任诸葛亮,因此蜀中的内政、外交、军事、财政等实际的掌权人都是诸葛亮。但是诸葛亮却没有任何私欲,他用全部的精力辅佐后主,以望复兴汉室。

首度北伐

北伐曹魏，统一全国，是诸葛亮早就定下的奋斗目标。与东吴恢复联盟关系，平定南方的叛乱，内部也较为安定的局面给诸葛亮的北伐计划提供了良好的条件。

建兴四年（226年）五月，曹丕病死，太子曹睿继位，谥父丕为文皇帝，其余的文武官僚，都有封赠。当时雍州、凉州两地缺乏人守，司马懿上奏自请到西凉等处防守，曹睿允许了他的请求，便封司马懿督导提督雍州、凉州等地的兵马。

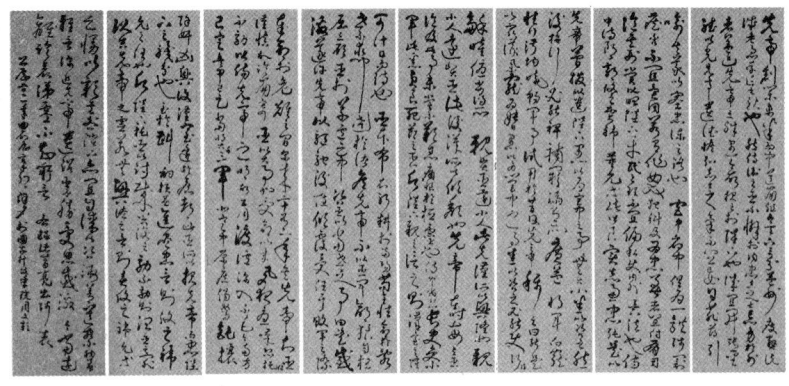

插图：诸葛亮《出师表》

> 诸葛亮

建兴五年(227年),诸葛亮率大军离开成都,向北进军,伺机而动。之前,诸葛亮任命郭攸之、董允、费祎等为侍中,负责宫中的事,并且又派将军向宠总督御林军马。他自己则率领了赵云、邓芝、魏延、吴壹、向朗、杨仪、马谡等大将和近十万大军北伐。临行之际,他上表后主。这就是享誉古今的《前出师表》。

> 先帝创业未半而中道崩殂。今天下三分,益州疲弊,此诚危急存亡之秋也。然侍卫之臣不懈于内,忠志之士忘身于外者,盖追先帝之殊遇,欲报之于陛下也。诚宜开张圣听,以光先帝遗德,恢弘志士之气,不宜妄自菲薄,引喻失义,以塞忠谏之路也。

> 宫中府中,俱为一体,陟罚臧否,不宜异同。若有作奸犯科及为忠善者,宜付有司论其刑赏,以昭陛下平明之理,不宜偏私,使内外异法也。

> 侍中、侍郎郭攸之、费祎、董允等,此皆良实,志虑忠纯,是以先帝简拔以遗陛下。愚以为宫中之事,事无大小,悉以咨之,然后施行,必能裨补阙漏,有所广益。

> 将军向宠,性行淑均,晓畅军事,试用于昔日,先帝称之曰能,是以众议举宠为督。愚以为营中之事,悉以咨之,必能使行阵和睦,优劣得所。

亲贤臣，远小人，此先汉所以兴隆也；亲小人，远贤臣，此后汉所以倾颓也。先帝在时，每与臣论此事，未尝不叹息痛恨于桓、灵也。侍中、尚书、长史、参军，此悉贞良死节之臣，愿陛下亲之信之，则汉室之隆，可计日而待也。

臣本布衣，躬耕于南阳，苟全性命于乱世，不求闻达于诸侯。先帝不以臣卑鄙，猥自枉屈，三顾臣于草庐之中，咨臣以当世之事，由是感激，遂许先帝以驱驰。后值倾覆，受任于败军之际，奉命于危难之间，尔来二十有一年矣。

先帝知臣谨慎，故临崩寄臣以大事也。受命以来，夙夜忧叹，恐托付不效，以伤先帝之明，故五月渡泸，深入不毛。今南方已定，兵甲已足，当奖率三军，北定中原，庶竭驽钝，攘除奸凶，兴复汉室，还于旧都。此臣所以报先帝而忠陛下之职分也。至于斟酌损益，进尽忠言，则攸之、祎、允之任也。

愿陛下托臣以讨贼兴复之效，不效则治臣之罪，以告先帝之灵。若无兴德之言，则责攸之、祎、允等之慢，以彰其咎。陛下亦宜自谋，以咨诹善道，察纳雅言，深追先帝遗诏。臣不胜受恩感激。

今当远离，临表涕零，不知所言。

诸葛亮在表中坦率地指出了在魏、蜀、吴三国相争中，蜀国所处的不利局面，希望刘禅能积极进取，奋发图强，完成统一大业。

由于北伐的缘故，蜀国的军政中心也移往汉中，有半数以上的官员和将士都驻守在此。从这时候起，诸葛亮在此指挥作战，直到他死时为止，恰好在此地驻守了八年。在这八年之中，他先后带着大军向魏军攻击六次。

建兴六年（228年）春，诸葛亮为稳妥起见，没有采纳大将魏延从近处偷袭长安的作战方案，而是用声东击西的策略。他扬言要由斜谷出兵攻打郿城（陕西眉县），并派赵云、邓芝两将率一军故布疑阵，实施障眼法。然后他却率领主力大军前往攻击祁山。祁山是攻取长安的军事要点，诸葛亮抱着志在必得的决心。不久，祁山就被这支军纪严明的部队轻松地攻取了。祁山附近的三郡：天水（甘肃渭川）、安定（镇原）、南安（陇西东北）也都相继归顺诸葛亮。

刘备逝世后，蜀国一直在整顿内部，接着又平定南方，很久没有与魏国相争了。魏国渐渐对蜀国疏于防备。诸葛亮占领祁山后，汉明帝曹睿慌了，他亲自到长安，命令张郃率领大军前往攻击诸葛亮，同时又派曹真率兵前往支援郿城对抗赵云、邓芝。

诸葛亮在祁山听到魏军大举反攻时，算到魏军将领张郃一定会前去进攻街亭。因为街亭是蜀军运送粮草的必经之路，如果街亭被占，无疑是断了蜀军的咽喉之路。

诸葛亮决定派参军马谡守街亭。诸葛亮再三嘱咐马谡，街亭的地势非常重要，如果失掉街亭，我军必败。并给他指出作战方法，让他在靠山近水的地方安营扎寨，千万谨慎小心，不得有误。马谡非常自信，他得意扬扬地说："我自幼熟读兵书，深知兵法，哪有不能防守这个小地方的道理？"这时，有许多部将都反对让马谡去防守街亭，因为他平时过于自负。诸葛亮不顾众人的反对，执意决定让马谡作为先锋，前往街亭防守。

马谡来到街亭后，巡视了一番，对诸葛亮让他防守这里不屑一顾。他暗想，丞相实在是过于多虑了，这么偏僻的地方，魏军不可能来攻击。部下王平看到马谡并没有做任何部署，就劝他赶快到山下布阵。

马谡不以为然地说："哪用得着去山下布阵？你没看到前面有一座孤山吗，这正是上天赐给我们的屏障，我们只要在那山上驻扎就万无一失了。兵法说：'凭高视下，势如破竹'。"

王平说："参军如此想就错了，那座山前无进路，后无退路，万一魏军在山下团团包围，断了我们的水源，我们就无力反抗了。请您按照丞相吩咐，依山傍水，巧布精兵。"

马谡不仅不听劝阻，反而嘲笑说："马谡通晓兵法，世人皆知，连丞相有时还得请教于我，而你王平生长戎旅，手不能书，知何兵法？置之死地而后生，这是兵家常识，我将大军布于山上，使之绝无反顾，这正是制胜之秘诀。"王平再次劝阻，马谡不再理会他，径自将大军布于山上。

张郃进军街亭，侦察到马谡舍水上山，心中大喜，立即挥兵切断水源，掐断粮道，将马谡部队围困于山上，然后纵火烧山。蜀军饥渴难忍，军心涣散，不战自乱。马谡乘着混乱，迅速逃走。

此时，据守在箕谷的赵云、邓芝也被曹真攻打得有点招架不住，但是赵云及时把军用仓库所在地，赤崖以北的栈道全部烧毁，使魏军无法继续追击。同时他极力保护军备，没有造成太重大的损失。

诸葛亮非常懊悔当初没有听从刘备不可重用马谡的劝告，后又不顾众将的反对执意命马谡守街亭，才导致这样不可弥补的损失。现在按照军法，也不得不处死马谡。

临刑前，诸葛亮流着眼泪对他说："我屡次嘱咐你，街亭是我们胜败的关键，要全力防守，你却自以为精通兵法，不听劝阻。如今军败将亡，这全是你一人之过。今天我如果不杀你，又怎么能平复众人的怒气？"

说完，便命左右侍卫将他拖出斩首，马谡嚎啕大哭道："丞相待我如子，我也视丞相为父，如今我是死有余辜，但愿丞相能像宽厚待我一样，多照顾我家中的妇孺。"

诸葛亮对马谡说："我和你情同手足，你的孩子便是我的孩子，你不必再多说了。"

左右侍卫将马谡推出辕门，正准备要落刀时，参军蒋琬恰从成都赶到，看到这种情形，忙命刀下留人，马上晋见诸葛亮说："春秋晋楚相争的时候，楚国杀了兵败的大将得臣，正中晋文公的下怀。如今天下还未平定，就杀掉马谡这种人才，不是很可惜吗？"

诸葛亮流着泪回答说："从前孙武所以能够制胜于天下，是因为军律严明的缘故。现在四海纷争，正要开始作战，如果不严申军令，如何能够服众呢？"

这时，侍从禀告已将马谡斩首，诸葛亮听后大哭不已，蒋琬问道："马谡既然罪有应得，丞相又为何如此伤心呢？"

诸葛亮说："我并不是为马谡而伤心，我只是想起先帝在白帝城病危时曾提醒我，马谡这个人言过其实，不能重用。今日果然应验了先帝的看法，我追思先帝的圣明，懊悔不已！"

诸葛亮斩了马谡后，同时擢升王平为参军，统领南夷五部"飞军"之兵。

赵云、邓芝的部队也在箕谷战败，因为赵云退兵时仍有部队在后面坚守，所以损失不大，但也因此被贬为镇军将军。诸葛亮问邓芝道："街亭失利，大军败退，兵将不可收拾，但是箕谷战败部队撤退，兵将依然齐整如初，是什么原因呢？"邓芝说："赵云亲自在部队后面拒敌，军需物资一点都没有抛弃，兵将没有缘由散乱。"

赵云有军资和剩余的绢帛，诸葛亮想将其用来分给将士，赵云说："军事上没有胜利,为什么要有赏赐,这些物资请全部存入赤岸库,等到十月用作冬季犒劳品。"诸葛亮很赞同这个意见。

司马懿一直是诸葛亮北伐的大患,由于之前魏国连连战败,曹睿命司马懿带兵与蜀军相抗。诸葛亮听闻这个消息后,又加上街亭失守,命大军退回汉中,第一次北伐不得不暂停。

奇谋败魏军

第一次北伐的失败,没有使诸葛亮丧失统一的信心。他重新整顿军队,补充粮草,准备再次出师北伐。这时,他接到书信,得知勇将赵云因病身亡,不禁痛哭流涕,悲伤不已,大声说道:"子龙身故,国家损一栋梁,我失去了一只臂膀啊!"之后,诸葛亮上表《后出师表》给后主,领几十万精兵,再度北伐。

在《后出师表》中,诸葛亮对后主进言说:

> 先帝虑汉、贼不两立,王业不偏安,故托臣以讨贼也。以先帝之明,量臣之才,固知臣伐贼,才弱敌强也。然不伐贼,王业亦亡。惟坐而待亡,孰与伐之?是故托臣而弗疑也。

臣受命之日，寝不安席，食不甘味。思惟北征。宜先入南。故五月渡泸，深入不毛，并日而食；臣非不自惜也，顾王业不可得偏安于蜀都，故冒危难，以奉先帝之遗意也，而议者谓为非计。今贼适疲于西，又务于东，兵法乘劳，此进趋之时也。谨陈其事如左：

高帝明并日月，谋臣渊深，然涉险被创，危然后安。今陛下未及高帝，谋臣不如良、平，而欲以长策取胜，坐定天下，此臣之未解一也。

刘繇、王朗各据州郡，论安言计，动引圣人，群疑满腹，众难塞胸，今岁不战，明年不征，使孙策坐大，遂并江东，此臣之未解二也。

曹操智计，殊绝于人，其用兵也，仿佛孙、吴，然困于南阳，险于乌巢，危于祁连，逼于黎阳，几败北山，殆死潼关，然后伪定一时耳。况臣才弱，而欲以不危而定之，此臣之未解三也。曹操五攻昌霸不下，四越巢湖不成，任用李服而李服图之，委任夏侯而夏侯败亡，先帝每称操为能，犹有此失，况臣驽下，何能必胜？此臣之未解四也。

自臣到汉中，中间期年耳，然丧赵云、阳群、马玉、阎芝、丁立、白寿、刘郃、邓铜等及曲长、屯将七十余人，突将、无前、賨叟、青羌、散骑、武骑一千余人。此皆数十年之内所纠合四方之精锐，非一州之所有；若复数年，则损三分之二也，当何以图敌？此臣之未解五也。

今民穷兵疲，而事不可息；事不可息，则住与行劳费正等。而不及今图之，欲以一州之地，与贼持久，此臣之未解六也。

夫难平者，事也。昔先帝败军于楚，当此时，曹操拊手，谓天下以定。然后先帝东连吴越，西取巴蜀，举兵北征，夏侯授首，此操之失计，而汉事将成也。然后吴更违盟，关羽毁败，秭归蹉跌，曹丕称帝。凡事如是，难可逆见。臣鞠躬尽瘁，死而后已。至于成败利钝，非臣之明所能逆睹也。

在《后出师表》中，诸葛亮结合蜀魏敌不两立及敌强我弱的严峻事实，针对大臣们对再次北伐的异议，向后主阐明北伐不仅是为实现先帝的遗愿，更是为了蜀汉的生死存亡。

当年冬天，曹魏大将曹休所率的军队在石亭（安徽潜山东北）被吴军打败，魏军主力大部分前往解救曹休，关中空虚。诸葛亮趁机率军从散关（今陕西宝鸡南）出发，包围陈仓（宝鸡东）。散关和陈仓之间有一处地势险峻的绥阳小谷，谷中溪水湍急，因此大军行进非常困难。

当时陈仓由魏将郝昭、王双负责防守，防卫森严。不管蜀军如何挑衅，都拒不应战。诸葛亮便与部属商议对策，因为陈仓地势险峭，运输不易，而蜀军所带的军粮连一个月都维持不了。部将们都认为事不宜迟，应该强攻，以免拖延时日，耗费粮食。于是诸葛亮便利用云梯（春秋时公输般所发明的攻城之具。把底下以木块为垫，装有轮子的云梯车的四周用生牛皮围起，以防敌军的箭矢；里头装有云梯、飞梯两种，攻到城下时，便将飞梯驾于云梯之上，士兵便可以爬上去攻城）、冲车（兵车的一种，以甲覆马，以铁包轴，用来冲锋陷阵）为前锋，让士兵爬上城去。

魏帝又派张郃带兵支援陈仓。当他到达陈仓时，诸葛亮已因粮食不足，引兵而退。魏军的另一名大将王双，却在陈仓与蜀将魏延战斗，王双攻势猛烈，魏延无法脱身与诸葛亮的主力军会合。诸葛亮便派人给魏延送去一计，魏延按照诸葛亮的计策，先派士兵埋伏在王双的营帐附近，然后带着剩余士兵，连夜拔营赶回汉中。

王双得知魏延逃走后，便立刻带着人马追击，这正好中了诸葛亮的计谋。这时，埋伏的士兵点燃了魏军的营帐，王双一见后面一片火光，赶紧下令撤退，奔回山坡左侧时被魏延追到。魏军以为该处有埋伏，大军溃散，纷纷逃命。

陈仓之役，不能一举破敌，最主要的原因在于关山阻隔，补给不易。这也是诸葛亮在北伐中的遇到的最难解决的问题。

建兴七年（229年），孙权称帝，吴蜀订盟。

建兴九年（231年）春，诸葛亮发动第三次北伐战争。

他率大军进攻祁山，在西城大败魏军，射杀张郃。六月，蜀军因粮尽退兵。

为了解决北伐中的军粮供给问题，诸葛亮命令军队在当地屯田。这时，又出现了一个问题，粮草数量巨大，搬运不便，需要耗费众多人力牛马。

诸葛亮早想到这个问题，他很久以前就令部下积存木料，并购买了许多木料。原来他想制作"木牛流马"，用这些"牛马"运输粮草非常便利，因为它们全都不用饮水吃草，还可昼夜运输，也很轻便。将士们都没有听过这种东西，更不知道如何制作了。

诸葛亮说："我已经画好图样，让人照图制作了。我现在把制作'木牛流马'的方法告诉大家。"

过了几天，"木牛流马"造好了，竟像活的一样。诸葛亮命部将驾着"木牛流马"搬运粮草，补给军需。

命绝五丈原

建兴十二年（234年）春，经过两三年的整顿训练后，诸葛亮再度带领着十万大军，从斜谷出发布阵于渭水的南岸。为了避免粮食缺乏，他便进驻武功之西十里的五丈原，并在此地制定了屯田兵的制度，准备长期作战。同时，他又派使者去吴国商谈，希望与吴国一起出兵抗魏。

诸葛亮屯驻在五丈原后，司马懿也率领着几十万大军，隔着渭水与蜀军对峙。诸葛亮数次派人前去挑战，司马懿不为所动，拒不应战。因此，两军对峙了约三个月。

一天，诸葛亮派遣使者拿了一包女人的衣服和一封信送到魏军的营帐给司马懿，以羞辱他的懦弱，司马懿看完这封信后，心里非常不是滋味，却又装作满不在乎的样子。他随口问道："诸葛亮的作息情形如何呢？"

使者回答说："丞相非常忙碌，每天要处理许多繁杂的事，每餐吃不到一碗饭。"

司马懿回头对着左右说："这样怎么能够长寿呢？"

部下回去后，回禀诸葛亮："司马懿看到送去的东西并没有生气，还很关心地询问了丞相的作息状况。我告诉他丞相事多食少，他却叹息丞相这样很难长寿。"

诸葛亮在担任丞相的这些年中，无论事情大小，他一定要亲自过问，如此长时期的劳心伤神，终于导致他心力交瘁，健康情况一天不如一天。

魏将们对于司马懿无论怎样受辱都不应战深表不满，纷纷前往请战："我们为什么要在此受蜀人的羞辱呢？希望能够尽快出兵，与蜀军一决雌雄。"

司马懿敷衍着说："并不是我不愿意出兵，而是天子明诏，令我们按兵不动。如果轻举妄动，则是违背君命，你们既想出战，不妨等我奏准天子后，再同力赴敌如何？"

众将答应后，司马懿便派使者送表前往合肥给魏主曹睿，曹睿知道司马懿是因为无法压抑部属激动的情绪，才上表请命，因此便派辛毗持节传谕司马懿不得出战。

蜀将知道了这件事后，便报告诸葛亮，诸葛亮说："司马懿本来不敢出战，但是拗不过将士们的愤怒之情，便假借曹睿的意思来制服众人。如今他们传出这个罢战的消息，还不是想瓦解我方的战斗力？"

群将正在谈论此事，忽然传报费祎到，诸葛亮请他入内，费祎禀告说："大事不妙了！魏主曹睿听说吴国由三路进兵，乃亲自率领大军驻扎在合肥，并派满宠、田豫、刘劭分别带领士兵迎敌。满宠还用计将东吴的军粮器备统统烧光，如今吴国已经溃不成军了。"诸葛亮听到这个消息，心情非常沉重，昏了过去。

原先吴国和蜀国约定，要由东西两面进攻，让魏军腹背受敌，以便合力消灭他。如今吴军半路无功而退，原先的计划遭到破坏。蜀国从而陷入艰苦的孤军战斗中。

诸葛亮的病情越来越严重，他知道自己的生命将走到尽头。在思索了一番后，诸葛亮独留下部将姜维，悲戚地对他说："我本想竭忠尽力，恢复中原，重兴汉室，可惜我只剩下了今天的寿命了。我平生所学，已著书二十四篇，内容包括八务、七戒、六恐、五俱之法。据我观察，只有你可以传授，你一

诸葛亮之墓

定要尽心学习,不要辜负我。"姜维感激涕零地答应了。

诸葛亮又说:"蜀中各条道路,全都不必多忧,只是阴平地区,千万需要当心。这个地方极为险峻,时间久了肯定会出事。"姜维点点头出去了。

后主刘禅得到诸葛亮病重的消息,急忙命尚书李福当晚就起程到军中去探望诸葛亮。

李福日夜兼程来到五丈原,入帐见诸葛亮,传后主之命。问安过后,诸葛亮流着眼泪说:"我不幸在大业未成的半途死去,虚废了国家大事,有负于天下。我死以后,你们要尽忠尽力,辅佐后主。国家以前的制度不要改变,我所用过的人,也不可轻易废掉。我的用兵之法都已传授给了姜维,他自会继承我的遗志,为国出力。"

诸葛亮又叫人取来文房四宝，坐在病榻上给刘禅上表，不忘劝诫后主：清心寡欲，约己爱民，达孝道于先皇，布仁恩于宇下。提拔幽隐，以进贤良；屏斥奸邪，以厚风俗。

诸葛亮写完，又嘱咐杨仪说："马岱、王平、廖化、张翼、张嶷，这几个人都是忠心耿耿，可堪重用。我死之后，凡事都要按照旧法进行，缓缓退兵，不可急躁。你深通谋略，不必我多说。至于姜维智勇兼备，可派他在队后压阵。我死之后，不要发丧。让后面的军队先行，然后一个营一个营地慢慢撤退。如果司马懿追来，你可以布成阵势，回旗返鼓与他对垒。等他来到时，就把我先前所雕的我的木像安放在轿中，推到两军阵前，令大小将士分列左右，一定会把司马懿给惊走。"杨仪一一答应了。

诸葛亮勉强支撑着病体，要左右侍从将他扶上小车，派人驾车出城遍巡各营。

建兴十二年（234年）八月，诸葛亮怀着没有完成统一事业的无限遗憾之情，病死在五丈原，时年54岁。

这天夜里，姜维、杨仪遵诸葛亮之命，不敢举哀，并依诸葛亮遗嘱成殓，将诸葛亮的骨灰安置在龛中，令心腹将士守护，然后传密令，各处营寨悄然无声，一一撤出。

司马懿探查到五丈原蜀营中已空无一人，猜测诸葛亮已死，便忙亲自引兵来追。到山脚下，只见蜀军就在前方，他更加奋力追去。这时忽然山后一声炮响，喊声大震，只见蜀军全部回旗返鼓，树影中飘出中军大旗，上面写着一行大字——汉丞相诸葛亮。司马懿不由大惊失色，定睛看时，只见中军几十员上将，拥出一辆四轮车来，车上端坐着诸葛亮，羽扇纶巾。

司马懿大呼上当，急忙往回逃走。背后只听姜维大声叫喊："贼将休走，你中了我们丞相的计！"魏兵顿时吓得魂飞魄散，丢盔弃甲，乱作一团，死伤无数。

过了两天，乡民们互相交谈说，蜀兵退入谷中之时，哀声震地，军中扬起白旗，前日车上的诸葛亮其实是木人。司马懿听说后叹道："我能料诸葛亮生，却不能料诸葛亮死也！"因此蜀中人有这样一句谚语：死诸葛惊走活仲达。

诸葛亮病危的时候，曾与杨仪和司马费等安排死后退军的调度，命令魏延殿后阻击追敌，姜维作为副将；如果魏延不服从命令，军队便自行出发。诸葛亮去世后，杨仪秘而不发丧，还让司马费去魏延处揣度他的意向。魏延对司马费说："丞相虽然去世，还有我在。相府亲信和官属等人便可将遗体送还归葬，我自当亲自统率各路大军攻击贼军。怎么能因一人死去而废弃天下的大事呢？何况我魏延是何等人，就应当被杨仪约束，作断后的将军吗？"他就私自和司马费作出撤退和留下的安排，还让司马费亲笔写信，连同自己签名传告下面将领。

司马费欺骗魏延说："我还应该回去向杨仪解释，杨仪是个文官,很少经历军事,一定不会违抗尊命。"司马费出来后,策马奔驰而去。

杨仪等人打算按照诸葛亮既定的计划,各军营依次带领部队撤还。魏延派人探听到这个消息后勃然大怒,抢在杨仪没有发兵之前率领所属部队径先南归,所过之处烧绝栈道。魏延、杨仪各自上表说对方叛逆,一天之内,羽书一并送到都城。

汉后主以此事询问侍中董允、留府长史蒋琬,董允、蒋琬都担保杨仪而怀疑魏延。

杨仪等人命令砍伐山林打通道路,日夜兼程行进,紧随在魏延之后。

魏延占据南谷口派兵迎击杨仪等人,杨仪命将军何平在前面抵御魏延。何平斥责先登上南谷口的士兵说:"诸葛公死,尸骨未寒,你们怎能如此!"魏延的部众知道魏延理亏,不愿为他卖命,都四散逃走。魏延和他的儿子逃奔汉中,杨仪派遣将领马岱追杀他们,最终诛灭魏延三族。

除掉魏延后,杨仪等人便把诸葛亮的灵柩送回到成都。

后主刘禅带文武官员,全部挂孝,出城二十里迎接诸葛亮的灵柩。

十月,刘禅亲自送灵柩到定军山安葬,降旨封诸葛亮谥号忠武侯,又令在沔阳为其建庙,四时享祭。